復刻改訂版

教養の場としての
英文読解

斎藤雅久 著

元 河合塾・駿河台予備校講師
現 河合塾コスモ講師

ふみくら書房

復刻改訂版の序

2012年11月に本書『教養の場としての英文読解』を出版し、その後3刷まで版を重ねましたが、2015年の２月に『かつて「チョイス」という名の英語教材があった』を、９月には『続・かつて「チョイス」という名の英語教材があった』を慌ただしく出版し、気がついてみると、本書は２年近く品切れの状態となっておりました。

この度の復刻改訂版の発刊は、昨今の滔々たる「コミュニケーション英語」なる軽佻浮薄な状況に、多少の抵抗という意味を込めて、今こそ「知と教養」の復権を図るべきだという、年寄りの「鱈の歯軋り」です。したがいまして、本書は明治時代以降の伝統的で教養主義的な英語読本です。大学における教養学部を廃止して、ひたすら実学に走る現在の文部科学省の方針には、私は同意できません。今日のような実学一辺倒のあり様は、精神の荒廃を招き、結果として日本の文化と伝統、そして国力を衰退に至らせることになるでしょう。近年、日本人でノーベル賞の受賞者が多いのは、戦前と戦後しばらくの間あった旧制高等学校の一般教養を重視したその結果だと思っております。

今日、巷に溢れている雑多な「情報」は決して「知識」ではありません。様々な「情報」を整理し、分類し、統合して初めて「知識」となるのです。したがって、ある程度の訓練をすれば「知識」は身につくし「知識人」にはなれます。世間には博学多識の人は意外と多くおりますが、しかし「教養人」はごく僅かです。

私の恩師の奥井潔先生は「教養という力の本質をさらに突き詰めて言うならば、それは、人間が置かれるあらゆる状況に対応出来る精神と肉体の、いかにも人間の名にふさわしい品位のある弾力性のこと、何事に対しても、いわゆる見識を持つ人間の判断と行為から、自ら泌み出る力のことだ、と言えるかも知れません。」（『奥井の英文読解　３つの物語——分析と鑑賞』駿台文庫）、と記しておられます。

外国語と真剣に立ち向かい、格闘することによってのみ、日本語における高度な思考が可能になるのです。ここから「教養」への道はさほど遠いものではありません。コミュニケーション英語なる、耳から入る英語や話す能力を重視する風潮は、日本の置かれている現実を直視できない近視眼的で軽薄な態度です。

復刻改訂版の出版にあたっては、大幅に加筆修正をいたしました。ふみくら書房さんには、編集における基本的なことをいろいろ教えて頂きました。また、恐るべき読書家の髙城英爾君と若い友人の斎藤由貴夫君と岩本令君には校正をお願いしたばかりか貴重な助言を貰いました。記して、お礼申し上げます。

2018年 初秋

斎藤 雅久

はじめに

　大学受験の英文解釈・英文読解の参考書はそれこそうんざりするほどあります。私も大きな書店の受験参考書の棚に行って片端から見ました。どの参考書も、単語、熟語、構文の説明といくつかの例文と全訳が載っていますが、英文の内容についての説明が書かれているものはほとんどありませんし、あってもごく簡単に述べられているにすぎません。最近復刻された名著とされている山崎貞の『新々英文解釈研究』もやはり同じです。この本は初版が大正元年秋と記されていますから、それから類推すると明治・大正・昭和・平成の４代にわたり、英文解釈・英文読解の本というのは、どれも似たような構成だと思われます。

　幾度となく生徒から、文構造はわかるし（つまり、主語がどれで、述語動詞が何か、関係代名詞の先行詞は何か、不定詞の用法はどれか、分詞構文の用法はどれかなど）、なんとか訳せるが（本当は訳になっていないどころか、日本語にすらなっていないのが実情ですが）、果たして何が書かれている文章なのか理解できないという相談をよく受けます。つまり自分が訳している文章が何を述べているかが理解できていないのです。英文を解釈しているのではなく、まるで暗号の解読をしているようなのが実状で、膨大な時間の無駄と知・教養に対する絶望的な興味の退行現象が起きています。国語の現代文に限らず、英文でも、およそ大学入試に出題されている文章には、それなりの意味・思想が込められています。

　センター試験の最後に出題されている英語の長文は内容が具体的でやさしく、もし日本語に訳されていれば中学１年生でも十分に理解できます。しかし、国公立大学や有名私立大学で出題される英文は、アインシュタイン、サマセット・モーム、アーネスト・ヘミングウェイ、バートランド・ラッセル、オルダス・ハックスレー、ハーバート・リード、ケネス・クラーク、ウィンストン・チャーチル、ジョン・スチュアート・ミル、エーリッヒ・フロム、E.M.フォースター、アーノルド・ジョゼフ・トインビー、ジョン・ホルト、ジョージ・オーウェル、ハンナ・アーレント、T.S.エリオット、E.H.ゴンブリッチ、ピーター・トラッド

ギルなど、ノーベル賞を受賞したか、それに相当するような作家、哲学者、歴史家、教育学者、政治学者、言語学者、美術評論家、精神分析学者、政治家など錚々たる人たちが書いたもので、それなりの内容があります。したがって、英語力はもとより、最低限の文章の読解力というか教養が必要となります。大学入試で出題される英文でもそれを正確に読み、そこから知識を獲得し、知の世界に足を踏み入れる機会になりうるのです。

　現在の大学では教養学部が解体されて、まるで専門学校の様相を呈しており、学生はどこで教養を身につけたらよいのか、という深刻な状態です。そこで本書では、**詳しい（解説）** を付けて英文の内容の理解に必要な事柄を解説しております。英文の内容が理解できれば、単語や熟語も定着するし、少しでも本を読み、知の世界に入るきっかけになればという思いも込められております。

　高等数学が現代文明に不可欠なように、現代文化・文明を支え、継続するには「知」・「教養」は不可欠であり、それは少数であれ何者かによって担われなければなりません。文化・教養が伝わらなければ、国家は滅びます。本書がきっかけとなって、少しでも自分でものを考え、本を真剣になって読む人が一人でも増えることを願ってやみません。そうでないと、自分自身の考えのない、その時々の世論というか世間の感情に流されてしまう人間になってしまいます。中江兆民は、時々の風潮に流される世論を「俗論」として批判しています。本物に出会いそれと真剣に格闘すれば、偽物や二流のものは自ずとわかるようになります。

　難解な文章を、自分のもっている全知識と知性、および感性を総動員して読み解く喜びは、数学の難問に挑みウーウー言いながら２、３時間かけて解答できたときの喜びと同じで、優れた芸術作品にふれたときに受ける深い感動に匹敵しうる、人間が経験できる最大の喜び、いや快楽なのです。

2012年10月30日

斎藤雅久

本書の読み方

① 一般の読者や英語が少し苦手な人は、（全訳）と（解説）を最初に読んで、その後（英文）に挑戦してみてください。

② ある程度英語に自信のある人、および実力をつけようとする受験生は最初に（英文）をゆっくり6、7回読んでください。何が書かれている文章なのかを考えながら読むことが大切です。本文の内容を考慮しながら英文の構造・構文を考えてください。そして、できるだけ辞書を引かないで、内容と前後関係から未知の単語の意味を推測してください。慶應義塾大学の文学部など一部の大学の学部を除けば、試験場で辞書の使用はできません。単語を多く知っているに越したことはありませんが、それ以上に大切なのは文脈から未知の単語の意味を類推する能力です。

目次

復刻改訂版の序	…………………………………………	1
はじめに	…………………………………………	2
本書の読み方	…………………………………………	4

No.1　2種類の天才	…………………………	6
No.2　自分の価値基準	…………………………	11
No.3　試験	…………………………	18
No.4　成熟と喪失	…………………………	25
No.5　優れた作家の影響	…………………………	34
No.6　努力について	…………………………	41
No.7　知的勇気	…………………………	48
No.8　人間の行動様式	…………………………	54
No.9　文化の形	…………………………	64
No.10　平等について	…………………………	73
No.11　美と芸術	…………………………	81
No.12　政治家という職業	…………………………	89
No.13　有名人	…………………………	98
No.14　少数意見について	…………………………	106
No.15　寛容	…………………………	116
No.16　世界の十大小説	…………………………	128
No.17　言語習得過程	…………………………	137
No.18　大義	…………………………	147
No.19　文明の歴史	…………………………	157
No.20　フランスとイギリスの子供の躾	…………………………	164
No.21　太母	…………………………	175
No.22　教養人	…………………………	185
No.23　成長への援助	…………………………	195
No.24　攻撃性	…………………………	208
No.25　スポーツ精神	…………………………	222
No.26　思い出	…………………………	235
No.27　『人間の条件』	…………………………	248

〈No.1〉

2種類の天才

(1) There are two kinds of genius. One is the kind of person that you or I would be just as good as, if only we were a lot more clever. (2) There is no mystery about how their minds work, and once what they have done is explained to us we think we could have done it, if only we had been bright enough. (3) But the other kind of genius is really a kind of magician. Even after what they have done is explained to us, we cannot understand how they did it.

文章読解

(1)　There are two kinds of genius. One is the kind of person that you or I would be just as good as, if only we were a lot more clever.

【語句・構文解説】

● the kind of person　「人の種類」と訳すのではなく「その種の人」と前から訳すとこなれた日本語になる。本文ではあと3回出てくる。
　This kind of book is rare.「この種の本は珍しい」

● that は関係代名詞で、先行詞は the kind of person で as good as のあとに続く。

● If only we had more time, we could visit the museum.

6

「もっと時間さえあれば、博物館の見物ができるのに」

● a lot　比較級を強める語句は much / a lot / still / even / far / by far / a good deal など。最上級の場合は much / by far / the very など。

　I want a lot more.「もっと欲しい」

● more clever　の比較の対象は文意により明らかだから省略されている。この現象は日本語でも同じ。「もっと勉強しなさい（今よりも）」。

　本文では than we actually are　を補えばよい。

【訳】

　天才には2種類ある。一つは、あなたであれ、私であれ、もし今よりもっとはるかに聡明でありさえするならば、その人とまったく同じ程度に優秀であろうというような種類の人である。

(2)　There is no mystery about how their minds work, and once what they have done is explained to us we think we could have done it, if only we had been bright enough.

【語句・構文解説】

● how their minds work　は名詞節で about の目的語。

● once　は接続詞として働いており「ひとたび〜すれば」 Once you begin, you must continue.「いったん始めたら、やめてはいけません」

● what they have done　は名詞節で is explained の主語。

【訳】

　彼らの頭の働きにはなんの不思議もない。そして、ひとたび彼らの成し遂げたことが我々に説明されれば、十分に聡明でありさえしたならば我々でもそれを成し遂げることができたであったろうと、思うのである。

(3)　But the other kind of genius is really a kind of magician. Even after what they have done is explained to us, we cannot understand how they did it.

7

【語句・構文解説】

● the other kind of genius は1行目のOneと対応している。

● what they have done は名詞節で主語。

● how they did it は名詞節でunderstandの目的語。

【訳】

　しかし、もう一つの種類の天才は本当にある種の魔術師である。彼らが成し遂げたことを説明されたあとでさえ、彼らがそれをどうやったか我々には理解できない。

全 訳

　天才には2種類ある。一つは、あなたであれ私であれ、もし今よりもっとはるかに聡明でありさえするならば、その人とまったく同じ程度に優秀であろうというような種類の人である。彼らの頭の働きにはなんの不思議もない。そして、ひとたび彼らの成し遂げたことが我々に説明されれば、十分に聡明でありさえしたならば我々でもそれを成し遂げることができたであったろうと、思うのである。しかし、もう一つの種類の天才は本当にある種の魔術師である。彼らが成し遂げたことを説明されたあとでさえ、彼らがそれをどうやったか我々には理解できない。

解 説

　京都府立大学で出題された英文です。英文としてはやさしい問題です。ただし、2種類目の天才は少しわかりにくいかもしれません。

　世の中には、頭の良い人は意外と多くいるものですが、なかには確かに天才としか呼びようのない人がいます。たいして数学などわからない私でも、古代ギリシャで発見された背理法は理解できますが、数学的帰納法の巧妙な考え方には、ほとほと感心します。パスカルはどうして思いついたのでしょうか。

8

語学の天才という人もいて、頭の中がどうなっているのか見当もつきません。トロイの遺跡を発見したシュリーマンの『古代への情熱』を読むと、最初の頃は苦労しているようですが、後年になると、シュリーマンはどの語学であれ１カ月で習得しています。天才というほどではないのですが、私がラテン語を勉強していたときに、ラテン語は名詞の格変化と動詞の活用が膨大で覚えるのにそれこそ苦労したのですが、一緒に習っていた女の子が「ラテン語の名詞の格変化や動詞の活用って、音楽みたいに綺麗じゃない」と言ったのを聞いて、これでは勝負にならないと思ったことがありました。かつてのローマ法王の秘書の中には50カ国語を自在に操った人がいたそうです。

筑摩書房から出版されている『明治文學全集』の第98巻『明治文學囘顧録集（一）』の月報で、佐伯彰一は美術史家の矢代幸雄の以下のような文章を引用しています。

　　一體、大英博物館は、實に無限大の研究資料を抱えた大變なところで、それがため、勉強する氣さえあれば、他所では想像のつかないほどの研究が、自分一人でできるという、驚くべきところであるらしい。日本の驚異的博物學者南方熊楠も、大英博物館で働いていたればこそ、あんなに育ち得たのであろう。私の聞いた話でも、同館員のなかには、殆ど獨學で六十數カ國の言語に通じた人もあるそうである。

ドナルド・キーンは『古典を楽しむ』の中で

　　先生(アーサー・ウェイリー)が『源氏物語』の翻訳をなさっていた頃は、今のような注釈書がありませんでした。ウェイリー先生が「宇治十帖」のところまでの注釈書として使っていたのは、本居宣長の、『玉の小櫛』で、しかもそれは木版本だったのです。(略)本居宣長の、しかもあの難しい変体仮名の木版本を使って『源氏物語』を翻訳できた人は、たいへんな天才だと思うほかありませんでした。

と書いています。

また天才の中には、私たちには見えないものが見える人もいます。フィリップ・アリエスというフランスの歴史家に『子供の誕生』という本がありますが、その中でアリエスはブリューゲルの『農民の婚礼』や『子供の遊び』を例に出し、ここに描かれているのは子供ではなくて、小さな大人であると指摘しています。

確かに子供服などは着ておらず、小さな大人がいるばかりです。そもそも19世紀になるまでは、今日の少年法などはなく、子供は大人と同様な法律で罰せられ、処罰されていました。言われれば、なるほどと気がつくのですが、ブリューゲルの絵をいくら見ても私には見えてこなかったのです。

　構造主義の哲学者であり、歴史家でもあったミッシェル・フーコーに『監獄の誕生』という本があります。フーコーの本は、というより構造主義がよく理解できていない私には難解な本でしたが、その中でフーコーは、監獄と病院と学校は果たしている役割が同じだから建物の構造も似ていると指摘しています。つまり囚人も病人も生徒も社会生活に適応できず、その準備をしている状態だというのです。だから監視を受けるのです。監獄では獄吏が、病院では看護士が、学校では教師が監視をし、彼らは建物の中央にいて、重いものほど、つまり囚人であれば罪が重い者が、病人であれば重病の患者が、学校であれば６年生より手の掛かる１年生が、彼らの近くに居るように建物が造られているのです。指摘されればなるほどと思うのですが、このような発想がどうして出てくるのでしょう。

　『旧約聖書』の「出エジプト記」によると、エジプトで奴隷であったイスラエルの民はモーゼに導かれて、神に与えられた約束の地カナンに向かいます。そのカナンの地は「乳と蜜の流れる地」と理想化されていますが、ここにあるように古代以来人類は養蜂をしてきております。砂糖がなかった時代には、蜂蜜はそれこそ貴重な食料であったことは、クマのプーさんならずとも十分に想像できます。何千年もの間、何万人という人間が蜜蜂を育てている間に、養蜂家たちは蜜蜂がコミュニケーションをしていることに早くから気がついていました。つまり、ある巣箱の蜂は闇雲に蜜を取りに行くのではなく、決まった場所の木や草の花のところに出掛けるのです。どのような方法で伝達しているのか、それこそ何万人という人間が長い年月観察してきたのですがわかりませんでした。しかし一人見えてしまった人間が現れました。オーストリア人のカール・フォン・フリッシュという生物学者が諸君も生物で習う「蜜蜂の尻振りダンス」を発見したのです。どうして見えたのか謎としか言いようがありません。彼は「刷り込み現象」を発見したコンラット・ローレンツと共に1973年にノーベル賞を受賞しています。

┌─〈No.2〉─────────────────────────────

自分の価値基準

(1) The best is not good enough for one who has standards, who knows precisely what he wants and insists on getting it. **(2)** The modern Englishman apparently has none; **(3)** to go to the most ostentatious shop and there buy the most expensive thing is all that he can do. **(4)** Fifty years ago the nice housewife still prided herself on knowing the right place for everything. **(5)** There was a little man in a back street who imported just the coffee she liked, another who blended tea to perfection, a third who has the secret of making excellent hams.

(6) All have vanished now; and the housewife betakes herself to the stores.

└─────────────────────────────────────

文章読解

(1)　The best is not good enough for one who has standards, who knows precisely what he wants and insists on getting it.

【語句・構文解説】

● 文頭の The best は Even the best の意味。最上級を「いちばん」と訳して不自然な場合は even を加えることを覚えておくこと。

The best musician is liable to make a mistake when he is tired.

「どんな優れた演奏家でも疲れているときは演奏ミスをしがちだ」

● one は話者を含む一般の「人」で2回出てくる who という関係代名詞の先行詞。

● what he wants は名詞節で knows の目的語。

● insist on … 「…と言い張る、強く主張する」

He insisted on my paying the money.

「彼は私がその金を払うべきだと言い張った」

● it = what he wants

【訳】

　自分なりの基準をもっていて、自分はまさしく何が欲しいのかを知っていて、それをどうしても手に入れなければ気が済まない人にとっては、どれほど最上の品でも満足できない。

(2)　The modern Englishman apparently has none;

【語句・構文解説】

● apparently は文全体を修飾する副詞、したがって本文は、

It is apparent that modern Englishman has none. と書き換えられる。

Evidently the witness was lying. 「明らかに証人は嘘を言っていた」

● none = no standards

【訳】

　現在のイギリス人はそういう基準をもっていないらしい。

(3)　to go to the most ostentatious shop and there buy the most expensive thing is all that he can do.

【語句・構文解説】

● to go と (to) buy は is の主語となっている不定詞の名詞的用法。

　この二つの不定詞は、一連の行為なので and で結ばれていても単数扱いと

なる。

● ostentatious 「派手な、豪華な」

● all that he can do の all の訳には少し工夫がいる。

This is all (that) I know.

「これが私の知っているすべてです」→「これしか知りません」

These are all the books I have.「私のもっている本はこれだけだ」

All I said was this.「私が言ったのはこれだけだ」

all that he can do を直訳すれば「彼のできるすべて」だが、「できるのは
これだけ」となり、日本語らしく訳せば「関の山だ」になる。

【訳】

　いちばん派手な店に出掛けて行って、そこでいちばん高価な品を買うの
が関の山である。

(4)　Fifty years ago the nice housewife still prided herself on knowing
the right place for everything.

【語句・構文解説】

● nice は「素敵な」ではなく「選り好みの厳しい」。

He is nice in his food.「彼は食べ物にうるさい」

● pride oneself on ＝ take pride in ＝ be proud of 「…を自慢する」

● right は「正しい」ではなく「適切な、うってつけの」。

the right man in the right place 「適材適所」

Jack is the right boy for the job.

「ジャックはその仕事をするのにはうってつけの少年だ」

● for は獲得・追求を示す前置詞。a strong desire for fame「強い名声欲」

【訳】

　50年前は、まだ好みのやかましい主婦は何を買うにしても自分の好みにぴ
ったり一致している店を知っているのを自慢にしていた。

(5)　There was a little man in a back street who imported just the coffee she liked, another who blended tea to perfection, a third who has the secret of making excellent hams.

【語句・構文解説】

● There was a little man　なんでもないような文だが受験レベルを越えている箇所。「小柄な男がいた」ではなんだか変だ。another, a third と 3 人も「小柄な男」が裏通りにいることになってしまう。じつはここは転移修飾といわれるもの。以下の例文を見てみよう。

She stared at the man in astonishment.

「彼女はびっくりしてその男を見た」

これは in astonishment「びっくりして」という熟語を知っていれば難解ではない。では She stared at the man in white astonishment. となったらどうだろう。まさか「白いびっくりで」と訳す人はいないだろう。この white が転移修飾で、そのときの彼女の顔色を修飾している。「びっくりしてその男を見た彼女の顔は蒼白だった」。little もこれと同じで man を修飾しているのではなく owner of a little shop の意味で shop を修飾しているのだ。

Tennis is a thirsty game on a hot day.

まさか試合が喉の渇きを覚えるのでなく、テニスをする人。「暑い日にテニスをすると喉が渇く」

● to perfection　「完璧に」

● secret は「秘密」でなく「秘訣」。

単語の意味は文脈によって考えること。

【訳】

　裏通りには、自分の好みに合うコーヒーを輸入している小売商がいたし、また自分の好みにぴったり一致した紅茶のブレンドの仕方を知っている店もあれば、また素晴らしいハムを作る秘訣を知っている店もあった。

(6) All have vanished now; and the housewife betakes herself to the stores.

【語句・構文解説】
- vanish = disappear 「消える」
- betake oneself to = go to 「～へ行く」
- the stores はイギリス英語で「デパート」。

【訳】
　そうした店は今や跡形もない。そして主婦はデパートやらへと出掛けるのである。

全　訳

　自分なりの基準をもっていて、自分はまさしく何が欲しいのかを知っていて、それをどうしても手に入れなければ気が済まない人にとっては、どれほど最上の品でも満足できない。現在のイギリス人はそういう基準をもっていないらしい。いちばん派手な店に出掛けて行ってそこでいちばん高価な品を買うのが関の山である。50年前は、まだ好みのやかましい主婦は何を買うにしても自分の好みにぴったり一致している店を知っているのを自慢にしていた。裏通りには、自分の好みに合うコーヒーを輸入している小売商がいたし、また自分の好みにぴったり一致した紅茶のブレンドの仕方を知っている店もあれば、また素晴らしいハムを作る秘訣を知っている店もあった。

　そうした店は今や跡形もない。そして、主婦はデパートやらへと出掛けるのである。

解　説

　Clive Bell の Civilization が出典です。

　さて、少し考えてみましょう、自分なりの価値基準をもっていないとどのようなことが起きてしまうかは、おおよそ見当がつくものです。なるべく高い物か、世の中の人が良いと言っている物を手に入れようとするのが、できる精一杯のことです。はてこれは正しい生き方でしょうか、などと大袈裟な言葉は慎みますが、事は身の回りの品物から人の生き方までをも左右することにどうもなってしまいそうな気がしてなりません。

　ブランド物…記号的価値。

　ここに二つの同じハンドバッグがあったとします。材質、使い勝手その他はほとんど同じなのですが、違いが一つだけあります。一方のバッグには、ルイ・ヴィトンあるいはシャネルあるいはエルメスのマークが付けられております。このただ一つの違いが定価に決定的な差異を生み出していることになります。かたや10万円、かたや1万円。この9万円の差はブランドと呼ばれているものが生み出したものです。ルイ・ヴィトンあるいはシャネルあるいはエルメスのマークが付いていることによる消費者が手に入れる満足、もっとはっきり言えば優越感といったものでしょう。使い勝手が同じなのですから物の使用価値は同一なわけで、ブランド品ということだけ、つまり記号の価値だけの違いがここに成立していることになります。ここで行われているのはブランドという記号を消費しているという資本主義の最終的な消費様式、および価格の決定です。詳しくは、ポストモダンの代表的な思想家であるジャン・ボードリヤールの『消費社会の神話と構造』を読んでください。確かに値段の高い物のほうが品質が上であることが大半であることは認めても、己の好み、嗜好をはっきりともっていないと私たちが陥ってしまう大きな罠がブランド品には付きまとっています。だから、何から何までブランド品を欲しがる人に対して私たちが抱く嫌な気持ち、もっとはっきり言えば軽蔑の眼差しを向けてしまうことの意味は、その人が確かな価値観をもっているのではなくブランド品をもっていることで抱いているであろう優越感をこちらが感じてしまうことから生まれてくるのでしょう。

記号的価値からの脱出。

　どうすればこのような状況から抜け出せるでしょうか。それはただ自分なりの価値観を身につける以外はないように思われます。人がどう言おうとも自分にはこれが好ましいのだという好みをもつことです。これはなにも頑固であることを勧めているのではなく、他人の意見にいつも左右されてしまうのを避けることなのです。頑固であることと人の意見を柔軟に受け入れる謙虚さとを混同しないでください。自分の好みをもっていてそれがその人の持ち物、服装から日常の生き方にまで至っていると私たちは、どこか安心した気持ちになれるのです。このような人を成熟した人間と私たちは呼んでいいのでしょう。

　それともう一つ、本当の特上品はデパートでは手に入らないということは覚えておいていいことでしょう。司馬遷の『史記』「老子・韓非子列伝　第三」に「良賈ハ深ク蔵シテ虚シキガ若シ」（良い商人は店先に物を並べず、奥深くしまっておく）という言葉があります。

　夏目漱石の『吾輩は猫である』に出てくる、「空也」の最中はデパートでは手に入りません。「空也」のような明治時代からある老舗は、デパートはおろか、支店も出しておりません。そうすれば儲かるのは十分に承知しているのにもかかわらず、昔ながらの商売に徹しております。「人はパンのみにて生きるにあらず」（『聖書』からの引用だと気がつきましたか、「ルカ伝」第４章第４節）。「空也」の最中を入手するには、少なくとも１週間前に予約をして銀座の店まで買いに行かなければなりません。

　私が長年贔屓にしている、煎餅の店があります。その店の栞に「沁々とした江戸の味○○○○は味・質とも四季変わらぬ風味を、お届けするのが自慢でございます。…尚、当店は他の出店および販売は一切致しておりません…」この○○○○に店の名前が入るのですが、もちろん教えません。「九段」というヒントを書いておきます。「江戸の華」という堅焼の煎餅２個を肴にして１合の日本酒が楽しめます。

〈No.3〉

試験

(1) I had scarcely passed my twelfth birthday when I entered the inhospitable region of examinations, through which for the next seven years I was destined to journey. (2) These examinations were a great trial to me. The subjects which were dearest to the examiners were almost invariably those I fancied least. (3) I would have liked to have been examined in history, poetry and writing essays. The examiners, on the other hand, were partial to Latin and mathematics. And their will prevailed. (4) Moreover, the questions which they asked on both these subjects were almost invariably those to which I was unable to suggest a satisfactory answer. (5) I should have liked to be asked to say what I knew. They always tried to ask what I did not know. When I would have willingly displayed my knowledge, they sought to expose my ignorance.

勘の良い人は、チャーチルの文章だと気づいたかもしれませんね。

文章読解

(1)　I had scarcely passed my twelfth birthday when I entered the inhospitable region of examinations, through which for the next seven years I was destined to journey.

18

【語句・構文解説】

●scarcely / hardly 過去完了 … when / before 過去「…するやいなや」
受験ではscarcely / hardlyという準否定の副詞を文頭にして倒置する用
法が多く出題されている。

I had hardly left home, when it began to rain.

Hardly had I left home, when it began to rain.

「家を出るやいなや、雨が降りだした」

●entered the inhospitable region of examinations「試験という住みに
くい地域に入った」。この旅行の比喩は次の文にも続いている。

●through which … I was destined to journey.「その地域を通って旅を
するように運命づけられた」。ここに旅行の比喩がある。

●for the next seven years　12歳から7年間試験に苦しめられたという
ことから、イギリスのPublic Schoolの在学時代の話をしていることが推
測される。事実チャーチルは名門のHarrow校に入学している。

【訳】

　私は12回目の誕生日を迎えるやいなや、試験といういやな地域に足を踏み
入れた。それから7年の間そこを旅せねばならない運命となったのである。

(2)　These exanimations were a great trial to me. The subjects which were
dearest to the examiners were almost invariably those I fancied least.
構文的には難解ではないだろう。

【語句・構文解説】

●trial　「試練、困難」

●dearest to the examiners　「試験官たちにとっては好きでたまらない」

●those = the subjects

●fancy = like　「好きでたまらない」

【訳】

　これらの試験は私にとっては大きな苦難であった。試験官が好きで好きで

19

たまらない科目はほとんど決まって私のいちばん嫌いな科目だった。

（ちょっとユーモラスな箇所ですね。）

(3) I would have liked to have been examined in history, poetry and writing essays. The examiners, on the other hand, were partial to Latin and mathematics. And their will prevailed.

【語句・構文解説】

●I would have liked to have been examined in…

ここは仮定法で、「できるならば」という意味が隠れている。現実はI had not been examined.「私は試験されなかった」

●be partial to = show too much favor to「とくに好む」

●Latin 「ラテン語」

●their will prevailed.「彼らの意志が勝った、試験官の思いどおりになった」。この箇所にユーモアがあることがわかる。

（余談）

　今日はさほどではないが、チャーチルが学んでいた時代Public Schoolではラテン語と古典ギリシア語は非常に重視されていました。知識人には必須だったのです。このことは、イギリスだけでなく当時のヨーロッパでは一般的なことでした。フランスではリセでドイツではギムナジウムでという具合にです。上級クラスになるとラテン語と古典ギリシア語で詩をつくることが課せられていました。

　このことは日本でいうと漢文、漢詩に相当します。ご存じのように奈良時代から江戸時代まで公式文書は漢文でした。上流階級、知識人には必須の教養だったのです。奈良時代には最古の漢詩集である『懐風藻』が出ていますし、平安時代では『文華秀麗集』が出ています。紫式部は漢文と漢詩が兄よりもできて父藤原為時は「男だったら」と嘆いたほどでした。藤原道長の『御堂関白記』も漢文で書かれておりますし、『新古今和歌集』

の選者の一人であった藤原定家の56年間に及ぶ日記で19歳のときに「世上乱逆追討耳ニ満ツト雖モ、之ヲ注セズ、紅旗征戎ハ吾ガ事ニ非ズ」という言葉がしばしば引用される『明月記』も漢文で書かれています。鎌倉時代から室町時代にかけての五山文学はもちろん漢文学です。江戸時代は儒学の時期ですから儒学者が輩出し皆漢文を解しています。蜀山人大田南畝は幕府の人材登用試験で首席になっております。この試験は中国の科挙をまねたもので問題はすべて漢文、おもに『四書五経』からです。漢詩も多く作られ林羅山、山崎闇斎、木下順庵、新井白石（彼の漢詩は朝鮮で出版され、「和臭無し」という最大級の賛辞がおくられています）、古文辞学の荻生徂徠、太宰春台、頼山陽と名前をあげていったらきりがありません。森鷗外は幼い頃より『論語』『孟子』を学び、藩校の養老館では『四書五経』を復読しております。夏目漱石は漢学の私塾二松学舎で漢文を習っており、漢詩は研究者によれば平仄のあった立派な漢詩だそうです。幸田露伴は電信修技学校という当時としては変則的な学歴ですが、独学で古典、漢文を習得しており膨大な知識をもっておりました。京都帝国大学が創立されたときの初代学長は狩野亨吉で、彼は文部省の反対を押し切って露伴を講師に迎えています。漢文、漢詩を操れたのはこの時代までで、大正時代になると白樺派の武者小路実篤、有島武郎、里見弴などは西洋の芸術に目を向けるようになり、漢文の学力はほとんどありません。唯一の例外は太宰治と同年生まれの中島敦です。祖父撫山が漢学者、父田人も旧制中学の漢文の教師で、敦には漢学の血が流れていました。漢文調の格調高い文体は『山月記』『弟子』『李陵』などに見られますし漢詩も作っています。なお、真名(漢字)と仮名(女手)についてツベタナ・クリステワが『心づくしの日本語』の第2章で、日本人には盲点になっている事柄について見事な指摘をしております。

【訳】

私は歴史と詩と作文で試験してもらいたかった。ところが一方、試験官たちはラテン語と数学を特別に贔屓にしていた。そして、彼等の思いが通ったのである。

(4) Moreover, the questions which they asked on both these subjects were almost invariably those to which I was unable to suggest a satisfactry answer.

【語句・構文解説】

● they asked on both these subjects　このonは「関して」の意味。

● those = the questions

● to which　whichの先行詞はthose、このto whichは文末のanswerにつながる。

【訳】

　そのうえに、この二つの科目について発する彼等の質問は、ほとんどいつも、私には満足な解答ができそうもないものだった。

(5) I should have liked to be asked to say what I knew. They always tried to ask what I did not know. When I would have willingly displayed my knowledge, they sought to expose my ignorance.

【語句・構文解説】

● I should have liked この箇所も (3) のI would have likedと同様に仮定法で、「できることならば…されたかった」。

● what I knew は sayの、what I did not know はaskの目的語。

● When = Though　「…なのに」。「…のとき」では文脈に合わない。中学生でも知っているこのような単語がじつは盲点なのだ。

　He works when he might rest.「彼は休んでもよいのに働く」

● I would have willingly displayed　この箇所も仮定法の３回目で前の２回と同様な用法。

*　be dear to, fancy, like, be partial toと同意語を次々と用い、文章が単調にならないようにしている文章だ。

22

【訳】

　私は私の知っていることを尋ねてもらいたかった。彼らはいつも私が知らないことを尋ねようとした。私は得々として私の知識をひけらかしたかったのに、彼らは私の無知を暴露することに躍起になったのである。

（最後の行もユーモラスです。チャーチルはのちに首相になっていますが、国会での答弁も、ユーモアに満ちたものでした。）

全　訳

　私は12回目の誕生日を迎えるやいなや、試験といういやな地域に足を踏み入れた。それから7年の間そこを旅せねばならない運命となったのである。これらの試験は私にとっては大きな苦難であった。試験官が好きで好きでたまらない科目はほとんど決まって私のいちばん嫌いな科目だった。私は歴史と詩と作文で試験してもらいたかった。ところが一方、試験官たちはラテン語と数学を特別に贔屓にしていた。そして、彼等の思いが通ったのである。そのうえに、この二つの科目について発する彼等の質問は、ほとんどいつも、私には満足な解答ができそうもないものだった。私は私の知っていることを尋ねてもらいたかった。彼等はいつも私が知らないことを尋ねようとした。私は得々として私の知識をひけらかしたかったのに、彼らは私の無知を暴露することに躍起になったのである。

解　説

　Sir Winston Leonard Spencer Churchill（1874〜1965）は名門の出で、父は保守党の大蔵大臣を務めています。出典は My Early Life で本文にあるように、学業は芳しいものでなかった、というより劣等生でした。ハロー校では、何か大きな祝典があり父兄も出席する際には、学生のパレードがあります。それは成績順のパレードで父が有名人なので息子であるチャーチルは注目されていたのです

が、いつもびりのほうで恥ずかしかったと、別の箇所で述べています。事実、陸軍士官学校の試験には2回落ちています。

しかし、諸君も知ってのとおり政治家としては大成し第二次世界大戦ではイギリスを率いて、ナチスドイツに勝利しています。学業と実社会とは必ずしも一致しないという典型的な例でしょう。

本文にあるように文章を書くことは、小学校の頃から得意であったようです。今、読んだ1ページにも満たない文章からでも、ユーモアがあり、かつ、文章が上手であることがわかったでしょう。彼の散文は高く評価され、小説、紀行その他の著作を残し、『第二次世界大戦回顧録』で1953年度ノーベル文学賞を受賞しました。また画家としても著名でありました。

（余談）受験参考書は本ではない

本の世界ではマンガと受験参考書は本と認められておりませんでした。その証拠にベストセラーにはマンガと受験参考書は出てきません。最近ではマンガは一部で認められるようになり、関西の10校近い大学ではマンガを教える学部もあります。ヨーロッパ、とくにフランスではマンガに相当する単語はありますが、今ではマンガで通じます。『ドラゴンボール』『聖闘士星矢』『AKIRA』などフランスの子供は熱中していますが、暴力場面が多く情操教育に悪影響があるのでは、と問題になっています。マンガが認められているのに、受験参考書は依然として継子扱いですが、その原因は受験参考書自体にあります。書店で受験参考書の棚を見るとまるで新興宗教の棚みたいです。受験の神様、カリスマ教師、受験の名人などという言葉がやたらと目に入ってきます。いくら本を売りたいからといって、自分で自分のことを、神様・カリスマ・名人などと言って恥ずかしいと思わない恥ずかしい連中が下品な題名を付けた質の悪い本を量産しています。出版社、著者はもちろんですが、このような低級な本を騙されて買う人にも責任があります。「悪貨は良貨を駆逐する」というグレシャムの法則が受験参考書の世界では成立しています。当分、受験参考書は本とは認知されないでしょう。

┌─〈No.4〉────────────────────────────────────┐

成熟と喪失

(1) Very early in our childhood we are taught that you can't eat your cake and have it, and this is only putting in another way the fact that you can't use the same resources to produce two separate things at the same time. (2) If you want to grow cabbages on a bit of land you cannot also use it for a tennis court; if you spend a couple hours in a cinema you can't use them for digging the garden or painting a picture or mending the boots. (3) You have to choose which of the many possible uses to which you could put the same materials or the same time is the one you prefer, in the knowledge that the price you pay consists of all the other alternatives you have thereby given up.

└──┘

文章読解

(1)　Very early in our childhood we are taught that you can't eat your cake and have it, and this is only putting in another way the fact that you can't use the same resources to produce two separate things at the same time.

【語句・構文解説】

●Very early in our childhood　時を示す副詞句で are taught を修飾、直訳は「私たちの子供時代の非常に早い時期に」。これでは日本語にならな

いので→「もの心ついた頃から」とでもしようか。

● we are taught that you can't eat your cake and have it「私たちは that以下のことを教わる」

● you can't eat your cake and have itは諺。ただし、この andの解釈には注意が必要。「あなたはあなたのケーキを食べることはできない、そしてそれを持っている」という訳は誤訳。not A and Bは not（A+B）と読む決まりになっている。「Aでありしかも Bであることはない」と解釈しなければならない。「ケーキを食べて、しかも手元に残しておくことはできない」→「物は使えばなくなる」

Come on and eat. You can't fish and not eat「さあさあ、おあがりなさい。釣ったからには、魚を食べないわけにはいきません」

もう少し長い例文を見てみよう。英語に限らず、外国語を習得するには、理解することと同時に、同様な例文にふれ、慣れることも必須なこと。かつて、東大で出題された英文である。

You cannot accept one part of science because it brings you good things like electricity and penicillin, and throw away another part because it brings you some ideas you don't like about the origin of life.

「電気やペニシリンのような役立つ物をもたらすがゆえに、科学のある部分を受け入れることはできない、そして…」と読んではいけない。not A and Bは、not（A+B）と読む決まりなのでこの場合は、Aは accept で Bは throw awayなので「電気やペニシリンのような役に立つ物をもたらすがゆえに科学のある部分を受け入れ、しかも生命の起源のような好みに合わないいくつかの考えをもたらすがゆえに別の部分は捨て去ることはできない」。

● this is only putting in another way the fact that … this は前の諺を受けたもの。

● put は「述べる（express / state / describe）」。
to put it briefly「手短に言って」
the fact that から文末までが put の目的語。

● in another way は副詞句で「別のやり方で」で is putting を修飾。

「この諺は the fact that 以下のことを別の言い方で述べているにすぎないのである」

● the fact that you can't use the same resources to produce two separate things at the same time.

that は the fact の内容を具体的に説明している同格の名詞節を導く接続詞で「…という」に相当する。学者の説によると、同格の名詞節を導く接続詞 that をとれる名詞は 180 語だそうだ。この that を従えられる名詞は「犬」「椅子」「林檎」のような具体的な名詞ではなく、抽象名詞と抽象名詞に意味が近い漠然とした意味の名詞で、事実・事態・思考・陳述・感覚・判断などの抽象的な意味をもつ名詞である。

The fact that her fever is going down is a hopeful sign that she is getting better.「熱が下がっているのは、良くなっているという明るい証拠だ」この二つの that は共に同格の接続詞。

The rumor that he spread the disease is a groundless one.

「彼があの病気を広めたという噂は根も葉もない噂だ」

【訳】

　もの心ついた頃から「お菓子を食べて、なおかつ手元に残すことはできない」という諺を教わるが、この諺は同じものを使って同時に二つの別のものを作ることはできないということを、別の言い方で表現したものにほかならない。

(2)　If you want to grow cabbages on a bit of land you cannot also use it for a tennis court; if you spend a couple hours in a cinema you can't use them for digging the garden or painting a picture or mending the boots.

　　これは前文の内容を具体的に述べた箇所。it は a bit of land を、them は a couple of hours であること以外は、文法的な説明はいらないだろう。

【訳】

　ある土地でキャベツを栽培したいと思ったら、その土地をテニスコートと

して使うことはできない。映画館で2時間を過ごすとすれば、その時間を使って菜園を耕したり、絵を描いたり、靴を修理することはできないのである。

(3) You have to choose which of the many possible uses to which you could put the same materials or the same time is the one you prefer, in the knowledge that the price you pay consists of all the other alternatives you have thereby given up.

　　カンマの前までは、wh-節、前置詞付きの関係代名詞、仮定法が絡まっている複雑な文章である。

【語句・構文解説】

●最初の which は疑問代名詞で prefer まで支配しており、この wh-節は choose の目的語になっている。「あなたは which 以下を選ばねばならない」
●疑問代名詞の which は一定数の物、人の中からの選択に用いられる。
　Which of the two cars runs faster? 「この2台の自動車のうちどちらが速いですか」
●which of the many possible uses … is the one (which) you prefer
　　　(S)　　　　　　　　(V)　　(C)　one = use
　「多くの可能な使い方のうち、どれがあなたの好みの使い方か」
●この the many possible uses に前置詞付きの関係代名詞が掛かって文を複雑にしている。
　この箇所は put A to B「A を B の状態にする」という熟語を知らないと to which のつながり方が理解できない。
　He puts time to good use.「彼は時間をうまく使う」
　$\left\{\begin{array}{l}\text{the many possible uses} \\ \text{you could put the same materials or the same time to the many}\end{array}\right.$
　possible uses
　この二つを関係代名詞を用いると、
　the many possible uses to which you could put the same materials or

the same time となる。

- ● could は内容に仮定条件が入っている仮定法。

I am so hungry that I could eat a horse.

「腹ぺこで（その気になれば）馬一頭でも食えそうだ」。ここまでを訳すと、「同じもの、同じ時間をあなたが用いようと思えばできるであろう多くの可能な使い方のうち、どれがあなたの好みの使い方なのかを、あなたは選ばねばならない」。

- ● in the knowledge that S ＋ V は「S が V であることを認識して」という副詞句で that は同格の名詞節を導く接続詞。

He took over the post in the full knowledge that it might endanger his life.

「命の危険を冒すかもしれないと十分承知のうえで、彼はその任務を引き受けた」

- ● 文法的には、この in the knowledge that S ＋ V は have to choose を修飾しているが、これを後ろから訳すのは、thereby があることから不可。そもそも、長い修飾語句が後ろから修飾している場合、これをそのまま後ろから、よっこらしょ、とばかり訳すのは多くの場合日本語としてはぎこちないものとなるし、筆者の思考の流れと逆になってしまう。

- ● the price (which) you pay consists of all the other alternatives
　　　　(S)　　　　　　　　　　(V)

all the other alternatives「ほかのすべての使い方」alternatives を「二者択一」などというわけのわからない訳語にしないで、常に文脈から判断すること。ここでは uses の代わりに用いられている。

「あなたの支払う代償はほかのすべての使い方から成り立っている」

- ● all the other alternatives (which) you have thereby given up.

thereby＝by that「それによって」He overslept, and was thereby late for school.「彼は寝坊した、だから学校に遅刻した」

本文ではこの thereby の具体的内容は、数多くの可能な使い方の中から、一つを選んだこと。「そうすることによって、あなたが放棄したほかのす

29

べての使い方」

したがって、先ほど記したように、in the knowledge that S + V から訳すと、「そうしたことによって」というのを、先に訳すことになり、日本語としては不自然なものとなってしまう。

【訳】

同じ材料や同じ時間を利用しうる多くの可能な用途のうちで、どれが自分の選ぶ用途であるかを決めなければならない。そして同時に、それを決めたことによって、自分の諦めたほかのすべての用途が犠牲になるのだ、ということを知っていなければならないのである。

全 訳

もの心ついた頃から「お菓子を食べて、なおかつ手元に残すことはできない」という諺を教わるが、この諺は同じものを使って同時に二つの別のものを作ることはできないということを、別の言い方で表現したものにほかならない。ある土地でキャベツを栽培したいと思ったら、その土地をテニスコートに使うことはできない。映画館で2時間を過ごすとすれば、同じ時間を使って菜園を耕したり、絵を描いたり、靴を修理することはできないのである。同じ材料や同じ時間を利用しうる多くの可能な用途のうちで、どれが自分の選ぶ用途であるかを決めなければならない。そして同時に、それを決めたことによって、自分の諦めたほかのすべての用途が犠牲になるのだということを知っていなければならないのである。

解 説

Lady Gertrude Williams の Economics of Everyday Life が出典です。

さて、ここは少し考えてみなければならないところです。

一般に、大きくなれば、つまり、大学生にでもなれば、自由になんでもできる

と、安易に考えがちですが、じつはその逆なのです。

　なにも私は、子供がみな天才で、溢れるほどの才能をもっている、とは信じてはいませんが、子供が多くの可能性をもっていることだけは確かです。しかし、ルネサンスのあの異常なまでの天才たち、たとえば、レオナルド・ダ・ヴィンチやミケランジェロ、日本でいうと本阿弥光悦のようにもてる可能性の多くを開花させることは、凡人には時間の点でも不可能で、もっている、ほんの僅か、二つか三つの能力の中から、どれかを選んでそれを磨くことしかできないでしょう。つまり、大人になるということは、自分の中にあったかもしれない、幾つかの可能性を犠牲にして、一つを選ぶことなのです。つまり、大人になるとは、自分の中の多くの可能性を失うことに耐えることなのです。

　あなたは、画家になったかもしれません、優れた建築家になったかもしれません、作曲家として大成したかもしれません、名医になる可能性もあったでしょう、もしかすると、政治家として、国民をいや世界の多くの人々を救うこともできるかもしれません。しかしこのすべてを実現することは、およそ無理なことでして、どれかを選択せねばならないのです。

　江藤淳に『成熟と喪失──"母"の崩壊──』という評論があります。第三の新人の作品の分析ですが、当然鷗外、漱石、荷風も扱われており、日本が明治維新以後、西洋近代化への道を歩んだときに、近代化の代償として何を失ったか、いや失うなどという、生易しいものでなく"母"つまり母性の崩壊をすら引き受けることだったのだ、つまり"母"の崩壊、決定的な喪失なくしては「成熟」はありえないのだという、力作の評論です。ついでに言っておきますと、江藤淳は慶応義塾大学の学生時代に書き始めた『夏目漱石論』からプリンストン大学への留学を経て、この『成熟と喪失──"母"の崩壊──』くらいまでは、極めて優れた筆の力があったのですが、それ以降は乱れ方がひどいものです。これはまた別の問題ですので、ここでは深入りはいたしません。

　元に戻りますと、諸君はどれか一つを選んだのだから、換言すれば、多くの可能性を犠牲にしたのだから、その選んだものに対しては誠実に努力すべきでしょう。何も道徳を述べているのではありません。いい加減にやっているなら、それは犠牲になった、君の中にあった、多くの可能性があまりにも可哀相ではないでしょうか。

そうは言いましても、私の年齢まで生きてくると、才能といってもその差が極めて大きいこと、いくら努力しても、ある水準以上はどうしてもいけないことは、十分承知しています。たとえば、私は将棋を偏愛していますが、どれほど努力しても、これから毎日10時間将棋に打ち込んでも、プロの棋士の足元にも及ばないことは、自明の理です。将棋は私にとっては趣味ですので、うまくなろうがなるまいが、大したことではないのでさほどの努力はしません。さて、趣味でなく、自分が選び取った仕事に関してもこの才能という問題が最後まで付きまとってきます。それとあと一つの要素は、ある人・出来事との出会いと、時期、一言で言うと、「運」というものです。才能と運という自分にはどうしようもないものがかかわってくることは百も承知して、でも私たちは自分の選んだものに向かって努力せねばならないのです。極論すれば、生きることの意味は、何かをやり遂げること、つまり結果ではなく、他人がどのように考え評価しようが、少なくとも自分が納得できるだけの努力をしたかのいかんに掛かっているはずです。

　私の趣味は将棋・美人・酒です。将棋と美人はしばらく置いておくとして、問題は「酒」それも日本酒です。酒米・醸造法など詳しいことは専門書に任せておいたとしても、飛び抜けて旨い酒があります。日常私たちが食べている白米は玄米を 10パーセントくらい精米したもの、つまり1割は糠にしたもので、この残りの糠は家畜の飼料にしたりあるいは家庭によっては糠漬けに利用したりしています。酒の話に戻りますと、玄米の糠や脂質を取り除くために 30パーセントくらいを糠にするわけです、つまり酒になれるのは7割なのです。この程度が一般に売られている酒で、なかには 55パーセントを糠にしている吟醸酒もあります。そのなかで米の芯の芯まで研いだ特別の酒があり、機械では精米できないので人手に頼らざるをえません。じつに 77パーセントを糠にして残りの 23パーセントで酒を造るのです。これを米を「磨く」と言います。まさに米の芯の部分だけからできたものですが、不思議なことに米というより、林檎・梨・桃といった果物の香りが仄かにして、それでいながら清冽で端麗な岩清水を飲んでいるような気分になり、いくら飲んでも飲み飽きることがなく悪酔いしないのです。私の50年近い経験から言いますと、すべての良い酒は最終的には限りなく水に接近していく傾向があるようです。もっともこっちの財布がもちませんので、そうしょっ

ちゅうはこの酒は飲めませんが、とにかくこのようにべらぼうな酒もあります。「なに？　何という銘柄か教えろ」だと、そう簡単には教えられません。一つヒントをあげれば子規の俳号の一つです。小生の愚かな感傷からするとこの酒の旨さは、犠牲になった77パーセントの糠が支えているように思えてなりません。

　吉行淳之介との対談『美酒について』で開高健も同じことを言っています。

　　コニャックでも、スコッチでも、ウォッカ、ホワイトラム、テキーラ、極上品を全部飲んだ自信はありますが、そこで一言言いたいのはその極上品と言われるものには全部共通した性格が一つある。それは水に似てくる。とくに喉を通っていくときに水に似てくる。いくらでも飲める。焼酎でもそうです。焼酎でも何年となく瓶に寝かせてあったやつを飲んでみると、淡々として水のごとし、君子の交わりですね。これが奇妙なことに、蒸留酒でも醸造酒でもそうなんや。日本酒でもそうやし…。

　極上品の酒は清冽な岩清水、山の井の水になるのです。そんな酒を飲んだときに思い出す和歌があります。藤原定家の父藤原俊成が式子内親王の求めに応じて著した歌論『古来風躰抄』で

　　この歌「むすぶ手の」と置けるより、「雫に濁る山の井の」と言ひて、「あかでも」など言へる、大方すべて、詞、ことの続き、姿心、限りなく侍るべし、歌の本躰は、ただこの歌なるべし。

と絶賛している歌、紀貫之の

　　志賀の山越えにて、石井のもとにてもの言ひける人の別れける時詠める
　　　むすぶ手の雫に濁る山の井のあかでも人に別れぬるかな

がそれです。

　希代の美食家であった北大路魯山人（もし知らなければ『美味しんぼ』の海原雄山のモデルになった人）は、「最上の美味は無味である河豚である」としばしば述べています。味のないのが最高の美味だなど、まるで禅問答のようですが。酒と関連して考えてみると、どうやら本当のことのようです。

┌〈No.5〉────────────────────────────────

優れた作家の影響

(1) Some critics argue that it is their moral duty to expose the badness of an author because, unless this is done, he may corrupt other writers. (2) To be sure, a young writer can be led astray from his true path by an older, but he is much more likely to be misled by a good writer than by a bad one. (3) The more powerful and original a writer, the more dangerous he is to lesser talents who are trying to find themselves. (4) On the other hand, works which were in themselves poor have often proved a stimulus to the imagination and become the indirect cause of good work in others.

文章読解

(1)　　Some critics argue that it is their moral duty to expose the badness of an author because, unless this is done, he may corrupt other writers.

【語句・構文解説】

● Some critics argue that…other writers. that-節は文末まで支配。
　　　(S)　(V)　(O)

● Some critics 「幾人かの」と Some を訳すのは誤訳。 Some say this,

and others say that. 「こう言う人もいれば、ああ言う人もいる」

Some fruit is sour. 「果物のなかには酸っぱいものもある」

● that-節では it … to の形式主語構文。

● the badness of an author　何も、ある作家が悪人なのでなく、
　an author writes badly の意味。

　He is a bad swimmer. 「彼は泳ぎが下手だ」

● this = to expose the badness of an author

● unless = if … not

【訳】

　批評家の中には、ある作家が下手であることを暴くことは自分たちの道徳的義務である、というのはこれを行わないと、この作家は他の作家たちをダメにしかねないからだ、と主張する者もいる。

(2)　To be sure, a young writer can be led astray from his true path by an older, but he is much more likely to be misled by a good writer than by a bad one.

【語句・構文解説】

● To be sure, … , but　の係り結びを見落とさないこと。

　To be sure の代わりに It is true …や Indeed がくることもある。

● can は I can swim. 「泳げる」の能力を示す can ではなく、
　You can get a burn if you are not careful.

　「注意しないと火傷することがある」のように可能性を表し「…がありうる」。

● lead astray 「誤った方向に導く」

　I was led astray by bad directions.

　「いいかげんな道案内で道に迷ってしまった」

　本文の be led astray は次行の be misled と同意。

● older の後ろに writer が省略。

● much は比較級を強調。

35

● is likely to do 「…しそうである、be apt to do」

● one = writer 既出の可算名詞の反復を避ける代名詞の one。

【訳】

　確かに、若い作家は先輩の作家によって、自分の進むべき道から迷わされてしまうこともあるが、下手な作家よりも上手な作家によってはるかにずっと迷わされがちである。

(3)　The more powerful and original a writer, the more dangerous he is to lesser talents who are trying to find themselves.

【語句・構文解説】

● The more we have, the more we want.

　「多く持てば持つほどますます欲しくなる」

　The higher a mountain (is), the more people like to climb it.

　「山が高ければ高いほど、ますます多くの人はその山に登りたいと思う」

　the ＋比較級, the ＋比較級では be 動詞は省略されることがある。

● lesser　little の二重比較級で絶対比較級なので than と共には用いない。

　a lesser nation「弱小国」

● find themselves　文字どおりの意味は「自分の独自性を見つける」。

　本文では find their own styles, themes etc.

【訳】

　ある作家が力量があり、独創的であればあるほど、その作家は自分なりのものを探そうとしているより才能の劣った作家たちにとって、ますます危険である。

(4)　On the other hand, works which were in themselves poor have often proved a stimulus to the imagination and become the indirect cause of good work in others.

【語句・構文解説】

● On the other hand 「他方」

● works … have often proved … and (have) become …
(S)   (V$_1$)   (V$_2$)

● I like to travel by myself (= alone). 「一人旅が好きです」

The door opened of itself. 「戸はひとりでに開いた」

You must judge for yourself. 「君は君自身で判断しなければならない」

(他人の力を借りないで)

Our existence is a miracle in itself. 「人間の存在自体が奇跡である」

She was beside herself with grief. 「悲しみのあまり気が動転していた」

● poor 「下手な、まずい」　a poor cook 「下手な料理人」

● prove = turn out to be 「…となる」

● stimulus 「刺激」

Sucess is a stimulus to further efforts.

「成功はさらなる努力への刺激となる」

【訳】

　他方、それ自体はつまらない作品がしばしば想像力を刺激するものとなり、他の作家たちの良い作品の間接的な要因となることも多々ある。

全 訳

　批評家の中には、ある作家が下手であることを暴くことは、自分たちの道徳的義務である、というのはこれを行わないと、この作家は他の作家たちをダメにしかねないからだ、と主張する者もいる。確かに、若い作家は先輩の作家によって、自分の進むべき道から迷わされてしまうこともあるが、下手な作家よりも上手な作家によってはるかにずっと迷わされがちである。ある作家が力量があり、独創的であればあるほど、その作家は自分なりのものを探そうとしているより才能の劣った作家たちにとって、ますます危険である。他方、それ自体はつまらない作

品がしばしば想像力を刺激するものとなり、他の作家たちの良い作品の間接的な
要因となることも多々ある。

解 説

　日本で若い作家を叩いた最たる批評家は、おそらく小林秀雄でしょう。映画や
テレビの脚本を書いていた隆慶一郎という人は小林秀雄と面識があったのですが、
小林秀雄が生きている間はとうとう小説は書きませんでした。小林の死後、『吉
原御免状』をはじめとして作品を書きまくり、一時流行作家になりました。小林
秀雄と対照的なのが三島由紀夫でした。芥川賞の選考委員ほか多くの文学賞の選
考委員であり、毎年ノーベル文学賞の候補にあげられ、晩年といっても45歳で
自決していますが、川端康成と共に文壇に確固たる地位を築いていました。その
三島が新人を褒めるのを多くの編集者は「三島の微笑み」と言って恐れていまし
た。というのは、せっかく見つけた新人を大切に育てようと編集者は必死になる
のですが、三島に褒められた新人のほうは舞い上がってしまうか、逆に緊張して、
褒められた作品以上のものを書くことができなくなり、結果として潰れてしまう
のです。三島が褒めても潰れなかったのは、私の知る限りでは、原稿段階で読ん
で気持ち悪いと言いながらも推薦した『楢山節考』の深沢七郎と、『エロ事師た
ち』を褒められた野坂昭如の二人だけです。

　作家として第一級であることは誰しも認める三島由紀夫ですが、私は密かに批
評家としての才能のほうが上ではないかと考えています。『作家論』も優れてい
ますが、自決ゆえに未完に終わった『小説とは何か』に多くのことを教わりまし
た。柳田國男の『遠野物語』の怖さを知ったのも、ジョルジュ・バタイユの小説
の読み方を教えられたのも、国枝史郎の『神州纐纈城』という作品があることを
知ったのも、そして『神州纐纈城』の文章が泉鏡花のそれに匹敵することを知っ
たのもこの本のおかげでした。

　つまらぬとは言いませんが『今昔物語』のごく短い話を換骨奪胎し、巧みな一
遍の小説に仕上げるのに才能を示したのは芥川龍之介です。谷崎潤一郎の『少将

滋幹の母』はあまりにも有名な名作ですが、福永武彦の『風のかたみ』は『今昔物語』をじつに見事に利用した名品であり、小説の出来栄えでは芥川、谷崎よりも上ではないかと、私は密かに思っております。『今昔物語』とは逆に、『平家物語』は典型的な和漢混交文で、弾力に富み、和語と漢語、雅語と俗語、韻文調と散文調を巧みに織りまぜており、音楽的要素も豊かであり、思わず原文で2回読んで感動したせいでしょうか、吉川英治の『新平家物語』はつまらぬ作品です。話の筋だけを追ったもので、言葉の響きの美しさもなければ登場人物への洞察もない駄作で、論じる価値などありません。今日では数少ない貴重な文人である杉本秀太郎に大佛次郎賞を受賞した『平家物語』がありますが、古典とは斯く読むものだと教えられる名品です。戦後の戯曲の傑作の一つである『子午線の祀り』を書いた木下順二は岩波書店の『シリーズ　古典を読む』の中で『平家物語』を担当していますが、ストーリーを追うのではなく、俊寛・清盛・義仲・義経・知盛などの何人かの登場人物に焦点を当てた読みの深さは卓見に満ちており、感心しました。

　作家のなかにはごくありふれた事件に刺激されて傑作を生み出す人もいます。金閣寺放火事件は寺の坊主が些細なことから起こした、ごくつまらぬ放火事件でしたが、これを題材にして三島由紀夫は代表作である『金閣寺』を書いています。三島には事実を題材にして作品を作る傾向があります。「光クラブ事件」といって法学部始まって以来、一番の秀才といわれた東大生が高利貸しをやり、最後には失敗して青酸カリを飲んで自殺した事件をもとにしたのが『青の時代』ですし、東京都知事選挙を題材にとり、プライバシー事件として訴えられた作品が『宴のあと』です。

　世界文学の中では、なんといってもスタンダールの『赤と黒』でしょう。神学生が教会での礼拝中の愛人に発砲するという、まあ痴話事件で、その学生の名前を取って「ベルテ事件」といわれたものを題材にし、スタンダールは文学のなかでもっとも魅力のある主人公ジュリアン・ソレルを生み出しています。

　そういえば、和歌には「本歌取り」というものがあります。藤原定家が『金槐和歌集』を詠んだ鎌倉の三代将軍源実朝に送った歌論『近代秀歌』に

　　　詞は古きを慕ひ、心は新きを求め、……。古きをこひねがふにとりて、昔の歌の詞

を改めずよみすゑたるを、即ち本歌と申すなり。かの本歌を思ふに、たとへば、五七五の七五の字をさながら置き、七々の字を同じく続けつれば、新しき歌に聞きなされぬところぞ侍る。

と「本歌取り」についてふれています。

　本歌取りをした定家の歌で、誰でも知っているのは「さ筵や待つ夜の秋の風更けて月を片敷く宇治の橋姫」(『新古今集』秋歌上)の本歌は「さ筵に衣片敷きこよひもや我を待つらむ宇治の橋姫」(『古今集』恋歌四　読人知らず)。『新古今集』を代表する歌で『源氏物語』の最後の巻名「夢浮橋」を連想させる「春の夜の夢の浮橋とだえして峯に別るるよこ雲の空」は、壬生忠岑の「風吹けば峯に別るる白雲の絶えてつれなき君が心か」(『古今集』恋歌二)などあげていったらきりがありません。

　正岡子規が『再び歌よみに與ふる書』の冒頭で「貫之は下手な歌よみにて『古今集』はくだらぬ集に有之候。」などと書いたせいで、昭和初期くらいまでは『万葉集』が重んじられる傾向がありました。名著としか呼びようがない橋本進吉の『古代国語の音韻に就いて』を読むと『万葉集』は万葉仮名で読まねばならぬ気がしますし、歌の数が　千百十一首と覚えやすく、流麗な七五調で縁語・序詞・掛詞など修辞技巧が複雑な『古今集』は知的に楽しめるばかりか部立てになっているので、春夏秋冬の四季の移ろいを楽しめ、「恋歌」の五巻では恋の始まりから終わりまでが恋愛小説のように読むことができるばかりか、王朝物語の理解のためには必須だと思い、幾度も通読しました。やがて『新古今集』のほうに興味が移りました。

　若い頃の歌を、六条家の人々が禅問答のようで、わけのわからない歌だと非難し、定家自身が、のちに『拾遺愚草員外』で「文治建久ヨリ以来、新儀非拠達磨歌ト称シ、天下貴賤ノ為ニ悪マレ、已ニ弃テ置カレントス」と書きつけているように、定家の新傾向の歌風は嘲られました。しかし、定家の和歌に見られる象徴性は、19世紀フランスの象徴派の最高峰でその難解さゆえに世界的に有名で、かつ、畏怖されている詩人ステファヌ・マラルメに匹敵すると私は確信しています。しかし、定家とマラルメについて話しだすと、それこそきりがないので、残念ながら割愛します。

┌〈No.6〉─────────────────────────────

努力について

(1) If you think all my endeavors have always been successful, then you are unaware of details concerning a large part of my life. (2) Successful people appear to be traveling along one continual,successful road. (3) What is not apparent is the perseverance it takes following each defeat to keep you on the road. (4) No one I know of has ever experienced one success after another without defeat, failure, disappointment and frustrations along the way. (5) Learning to overcome those times of agony is what separates the winners from the losers. (6) How many times have I talked about the people who are so afraid of failure they never even enter the race?

───────────────────────────────────

文章読解

(1)　If you think all my endeavors have always been successful, then you are unaware of details concerning a large part of my life.

【語句・構文解説】
● 全体は if…, then の係り結びになっている。

　If you sing, then I'll sing too. 「君が歌うなら、僕もまた歌うよ」
● endeavors = efforts 「努力」

41

●unaware of「…に気がつかない」

He was unaware of her accomplishment.

「彼は彼女のたしなみに気がつかなかった」

●concerning = about より文語的 「…について」

【訳】

　私の努力がこれまでことごとく実を結んできたと考えるなら、それは私の人生の大部分についての詳細に気がついていないからである。

(2)　Successful people appear to be traveling along one continual, successful road.

【語句・構文解説】

●縁語について

　縁語はなにも日本の古文に限ったものではなく、世界の言語に共通してある。人生を「道」に喩えるのはありふれている。本文には travel, road, on the road, along the way, race などがそれだ。

【訳】

　成功した人間は、一見間断なく続く成功への道をひたすら歩んでいるように見えるものだ。

(3)　What is not apparent is the perseverance it takes following each defeat to keep you on the road.

【語句・構文解説】

●What is not apparent の what は関係代名詞でこの wh- 節は is の主語。

●perseverance = patience「忍耐」

●the perseverance (which) it takes と関係代名詞の which が省略。

　it takes the perseverance (following each defeat) to keep you on the road. この take は時間・労力・勇気が「必要」であることを示す。

It takes ten hours to walk there. 「あそこまで歩くのに10時間かかる」

● following each defeat の following は前置詞で after の意味。

Following the meeting, tea will be served. 「会のあとでお茶が出ます」

● keep you on the road (to success)

「貴方を道の上に保つ」→「踏みとどまらせる」

We are on the road to ruin. 「我々は破滅の道にいる」

【訳】

　表に現れないもの、それは失敗の度ごとに、道を踏み外さないようにするために必要な不屈の忍耐力なのだ。

(4)　No one I know of has ever experienced one success after another without defeat, failure, disappointment and frustrations along the way.

【語句・構文解説】

● No one (whom) I know of

know と know of の区別は大切。know は「知り合い」、know of は「噂などで知っている」

I know Mishima Yukio. 「三島由紀夫とは知り合いです」

I know of Mishima Yukio. 「三島由紀夫の名前ぐらいは知っています」

● 文頭の No は ever と関連し never の意味。

● one success after another (success) 「次々と成功する」

● frustration 「挫折」

● along the way 「途中で」

【訳】

　私の知る限りの人で、失敗・敗北・失望・挫折を途中で一度も味わうことなく、成功に次ぐ成功を収めた人などは一人としていない。

43

(5)　Learning to overcome those times of agony is what separates the winners from the losers.

【語句・構文解説】

●Learning to overcome those times of agonyは動名詞で主語、isが動詞でwhat separates the winners from the losersのwh-節が補語のS＋V＋Cの構文。

●those times of agony　「これらの苦しいとき」は前文のdefeat, failure, disappointment and frustrations along the wayを指している。

●learn to doは努力して身につけること、come to doは自然に身につけること。

He has learned to drive.「彼は車の運転を覚えた」

I came to know him.「彼と知り合いになった」

【訳】

　このような苦しいときを乗り越えられるようになることが、勝者と敗者を分かつものである。

(6)　How many times have I talked about the people who are so afraid of failure they never even enter the race?

【語句・構文解説】

●He runs so fast (that) I cannot catch up with him.

　「彼は走るのがとても速いので私は追いつけない」

　so … that構文ではthatは省略されることがあり、本文ではfailureの後にthatが省略されている。

【訳】

　失敗を恐れるあまり、（人生という）競争に加わろうともしない人のことについて、幾度話してきたことだろう。

44

全 訳

　私の努力がこれまでことごとく実を結んできたと考えるなら、それは私の人生の大部分についての詳細に気がついていないからである。成功した人間は、一見間断なく続く成功への道をひたすら歩んでいるように見えるものだ。表に現れないもの、それは失敗の度ごとに、道を踏み外さないようにするために必要な不屈の忍耐力なのだ。私の知る限りの人で、失敗・敗北・失望・挫折を途中で一度も味わうことなく、成功に次ぐ成功を収めた人などは一人としていない。このような苦しいときを乗り越えられるようになることが、勝者と敗者を分かつものである。失敗を恐れるあまり、（人生という）競争に加わろうともしない人のことについて、幾度話してきたことだろう。

解 説

　G. Kingsley Ward の Letters of a Businessman to his Son の一節です。この本は世界的なベストセラーになり、日本では城山三郎が翻訳しており『ビジネスマンの父より息子への30通の手紙』という題名になっています。

　将棋の永世棋聖である米長邦雄は「負けたあとが大切」と言っています。負けて自棄になるのは簡単なことですが、ここが勝負の分かれ目です。誰でもなんらかの挫折は付いてまわります、ここでどう耐えるかが肝心なのです。

　また、道元に「悟りのあとの修行」という言葉があります。小さいことで「あーそうだったのか」とわかることはあるのですが、ここで止まってはいけない、大きな悟りは日々の修行にこそあるのです。

　チャーチルは「成功とは、意欲を失わずに失敗に次ぐ失敗を繰り返すことである」と述べています。

　ニーチェは「努力すれば必ず失敗する」と言っていますが、これは逆説的な表現で、なんらかの事柄で努力すれば失敗は付きものであり、何一つ努力しなければ失敗すらもできないということを言っているのであって、努力の放棄を助長し

ているのではありません。

　福澤諭吉の『福翁自伝』は日本の自伝文学のなかでは白眉でしょう。口述筆記なので明治文学のなかでは読み易いものです。このなかで次のような話を語っています。大阪の適塾でまさに血の滲むような修業をして３年、ついに塾頭にまでなった福澤は意気揚々として江戸にやってきます。江戸の蘭学者など何するものぞという勢いです。

　ところである日、横浜に出掛けたのですが、書かれている文字が一つも読めず愕然とします。福澤の修めていたのは蘭学、つまりオランダ語であり、横浜の居留地に書かれていたのは英語なのです。同行した者は、また同じ努力をしなければと、落胆します。ところが、ここが福澤の凄いところというか、天分なのでしょうか、これからは英語の時代であると見抜き、落胆している暇はないと言って翌日から英語の師を探し始めているのです。私のような凡人なら諦めるか、２、３カ月は酒でも喰らってうじうじとするところでしょうが。周囲を見回したときに、一つの事に対する努力（しかも、２、30年間にわたって）をいとも易々としている人を、数は少ないですが幾人か知っています。身も蓋もない話ですが、このような人に出会うと、努力できるという性質そのものは、もしかすると親そして祖父母から受け継いだもの（遺伝子）のようです。つまり、努力できるというのも一つの才能のような気がしてなりません。英語にrunning highという表現があり、このhighは名詞で主に「（麻薬などによる）陶酔状態」の意味です。マラソンなど長時間走り続けると気分が高揚することがあります。ある程度トレーニングを積むと、脳内で脳内麻薬と呼ばれているエンドルフィンが分泌され、これが鎮痛・鎮静・多幸感を生み出すとされています。スポーツという洗練された拷問に身を委ねるのは心臓に悪いと思い、私は運動はしません。努力を継続している人はこのエンドルフィンが分泌されているのかもしれません。

　皆さんもご存じのようにヨーロッパの言語は大きく分けて三つ、つまりラテン語族・ゲルマン語族・スラブ語族に分かれています。ラテン語族は古代ローマ時代に話されていたラテン語が変化したものでイタリア語・フランス語・スペイン語・ポルトガル語など、ゲルマン語族は英語・ドイツ語・オランダ語など、スラブ語族はロシア語・ポーランド語・チェコ語などです。

ヨーロッパの言語を2、3学習した経験のある人なら誰でも、これらの言語が非常に似ていることはすぐに気がつくことです。オランダ語が得意であった福澤にとって同じゲルマン語族の英語などは1年もすれば習得できました。今日私たちが使っている西洋語の翻訳語に西周とともに明六社を拠点として福澤がどれほど貢献しているかは、福澤贔屓の丸山眞男ならずとも、私たちは大いに感謝しなければならないところです。

　蘭学の話が出てきたついでに言っておきますと『蘭学事始』を読むと前野良澤・杉田玄白たちがどれほどの努力をして『ターヘル・アナトミア』を翻訳したか、最初は寝転んで読んでいたが、正座をして読まなければ申しわけないほどの気持ちになります。若い頃に偶然にこの本の写本を読んだ福澤は、明治2年にこの『蘭学事始』を刊行しており、写本で初めて読んだとき「感動に涙した」と序文に書いています。古文の手頃な入門書としても、あるいは意気消沈しているときにでも読むことをお薦めいたします。

　ついでに自伝文学として新井白石の『折たく柴の記』を記しておきましょう。『折たく柴の記』の読みどころはいろいろありますが、私にとって印象深い箇所は第5代将軍徳川綱吉の所です。綱吉は生前に幾度も、自分が死んだあとでも「生類憐れみの令」だけは続けるよう側近に語っております。幕閣の大半は「生類憐れみの令」が悪法であることは認識しており、できるだけ速やかに廃止したいと思っていたのですが、これを言い出すことはできませんでした。なにしろ相手は時の将軍なのですから。ところで、綱吉が危篤の状態になり、あと2、3日の命になったときに、この「生類憐れみの令」が問題になったのです。つまり、綱吉がこの憐れみの令に執着していたことは誰もが知っていることで、生きている間に廃止はしにくいが、一方、綱吉が死んで次の将軍が直ちにこの「生類憐れみの令」を廃止すると、前将軍の政策を批判することになってしまい、これもやりづらい。どうすればよいのか、こうした事情の際の幕閣たちの言動を白石は冷静に、時には冷徹なほど冷静に、記しています。歴史の重大な場面に立ち会っているような感じがし、まるでフォーサイスの『ジャッカルの日』のような、良質のスリラー小説を読んでいる気になりました。

　さらについでに、昭和を代表する知の巨人である加藤周一の自伝である『羊の歌』も暇があったら読んでみてください。

47

―〈No.7〉――

知的勇気

(1) As I have grown older, I have realized more and more the importance my grandmother had in moulding my outlook on life. (2) Her fearlessness, her public spirit, her contempt for convention, and her indifference to the opinion of the majority have always seemed good to me and have impressed themselves upon me as worthy of imitation. (3) She gave me a Bible with her favourite texts written on the fly-leaf. (4) Among these was 'Thou shalt not follow a multitude to do evil.' (5) Her emphasis upon this text led me in later life to be not afraid of belonging to small minorities.

文章読解

(1)　As I have grown older, I have realized more and more the importance my grandmother had in moulding my outlook on life.

【語句・構文解説】
- 文頭のas は比例を表す。As we go up, the air grows colder.「登るにつれて、空気が冷たくなる」
- the importance (which) my grandmother had と関係代名詞の省略。
- in moulding 「…に関して」cf. in this respect「この点に関して」

- mould（英）= mold 「(性格を) 形成する」
- outlook on life 「人生観」

【訳】

　年をとるにつれ、自分の人生観を形成するに際し、祖母がいかほど重要であったかをますます痛感する。

(2) 　Her fearlessness, her public spirit, her contempt for convention, and her indifference to the opinion of the majority have always seemed good to me and have impressed themselves upon me as worthy of imitation.

【語句・構文解説】

構文的には難解なところはないだろう。

- His words impressed themselves on my memory.
  「彼の言葉は私の記憶に焼きついた」
- The event is worthy of being remembered.
  「その事件は記憶するに足る」

【訳】

　祖母の勇気、他人を思いやる心、因習に対する軽蔑、多数派の意見に対する無関心は私にはいつも立派に見えた、そして見習うに値すると私の心に深く焼きついている。

(3) 　She gave me a Bible with her favourite texts written on the fly-leaf.

【語句・構文解説】

- written on the fly-leafは過去分詞の後置修飾でtextsを修飾。
- fly-leaf 「見返し」

【訳】

　祖母は私に聖書を与えてくれたが、その見返しには祖母のお気に入りの聖句が記されていた。

(4)　Among these was 'Thou shalt not follow a multitude to do evil.'

【語句・構文解説】

●文頭の倒置に気がつかねばならない。聖書の聖句全体つまり、'Thou shalt not follow a multitude to do evil.' が主語で was が動詞。ただし、その語順にすると頭でっかちの文章になってしまうので倒置が起きている。

●thou = you の古形。

●shalt not は強い禁止を示し、聖書の中によく出てくる。

Thou shalt not kill.「汝殺すなかれ」(『旧約聖書』「出エジプト記」20章13節)

●multitude「多数、大勢」

●to do evil　これは目的を示す不定詞だが、前から訳してもかまわない。

【訳】

そのなかの一つに「汝、衆ニ倣イテ悪ヲ為スナカレ」というのがあった。

(5)　Her emphasis upon this text led me in later life to be not afraid of belonging to small minorities.

【語句・構文解説】

●いわゆる無生物主語構文なので訳に少し工夫が必要である。つまり、主語を副詞的にして、文脈により、原因・時・条件・理由などに訳し、目的語を主語のように訳すとこなれた日本語になる。

What led you to do it ?

「君はなぜそうする気になったのか」

A chance idea led him to the discovery.

「偶然の思いつきから彼はその発見に至った」

●emphasis　「強調」

●in later life　「後年」

●belong to …「…に所属する」

●minority ≠ majority

【訳】

　この聖句を祖母が重視していたおかげで、後年私は少数派に属することが怖くなくなった。

全　訳

　年をとるにつれ、自分の人生観を形成するに際し、祖母がいかほど重要であったかをますます痛感している。祖母の勇気、他人を思いやる心、因習に対する軽蔑、多数派の意見に対する無関心は私にはいつも立派に見えた。そして見習うに値すると私の心に深く焼きついている。祖母は私に聖書を与えてくれたが、その見返しには祖母のお気に入りの聖句が記されていた。そのなかの一つに「汝、衆ニ倣イテ悪ヲ為スナカレ」（出典；『旧約聖書』「出エジプト記」23章2節）というのがあった。この聖句を祖母が重視していたおかげで、後年私は少数派に属することが怖くなくなった。

解　説

　バートランド・ラッセル（1872〜1970）の『自伝的回想』の一節です。ラッセル家は、ヘンリー8世時代以来、ホイッグ党の政治家を多く世に出した名門で、事実、彼の祖父ジョン・ラッセルは2回首相になっています。幼くして両親を失ったラッセルはおもに祖母に育てられましたが、敬虔なプロテスタントであった祖母の信仰は、後年宗教を捨てたあとまでラッセルに深い影響を残しています。数学者、論理学者、哲学者、社会思想家として幅広い活躍と膨大な著書がありますが、ここで問題にしたいのは「私は少数派に属することが怖くなくなりました」という箇所です。というのは第一次世界大戦が始まるや、彼は平和運動に身を投じイギリスの参戦に反対の立場をとり、就任していたケンブリッジ大学の講

師の席を追われるばかりか、6カ月の投獄にもあっています（46歳のときです）。

　第二次世界大戦のときは、ナチスに反対の立場を取っています。戦後いち早く、アインシュタインと共に、核兵器廃絶を訴えています。

　頭の良い人はじつは意外と多くいるものですが、たとえ少数派の立場であっても自分の信念を通し続ける人はほんの一握りしかおりません。これこそが知的勇気というものです。「お前はどうなのだ」と問われると、頭を下げるばかりですが、このような人がいるということは、なにがしかの勇気を与えられます。日本人では、たとえば足尾鉱毒事件を戦い抜いた田中正造です。田中正造は明治天皇の馬車での行幸の際に直訴に及んでいます。悪くすればその場で射殺、少なくとも逮捕され投獄されるところですが、狂人という名目で釈放されています。この直訴状を書くことを依頼されたのが名文家として名高かった幸徳秋水で、秋水は大逆事件で刑死しています。この幸徳秋水の師が中江兆民で『三酔人経綸問答』も面白いが、なんといっても『一年有半』でしょう。咽頭癌を宣告され余命1年半と言われたことがこの本の題名になっていますが、診断を聞いたすぐあとで、悠久の時と比べれば「一年半も無なり、五十年百年も無なり、即ち我儕はこれ虚無海上一虚舟」という東洋的諦観を述べている、日本で最初の癌闘病記ですが、湿ったところのない一読後爽やかな気分になる本で、『ベルツの日記』と併せて読むと明治時代の一側面が鮮やかに描かれていることがわかる歴史的な一次資料です。岩波文庫から旧版とは違い豊富なルビと周到な注釈が付いた、この『一年有半』が出ています。

　大逆事件はあまり学校では教えられていませんが、日露戦争以後から太平洋戦争に至る日本の破滅を象徴する大正、昭和の時代を決定する大きな事件です。伊藤整の『日本文壇史』の第16巻『大逆事件前後』を読むとこのことがよくわかります。『日本文壇史』は伊藤整の死によって明治時代で終わっていますが、読みだしたら止まらない本です。

　大逆事件は山縣有朋らと国家によるでっち上げ事件であることは確かですが、それだけで片付けるのは、あまりに安易な見方です。根は相当に深いもので、知識人に与えた影響は甚大でした。

　ところで、2011年3月11日（金）の東日本大震災とそれに伴って発生した津波

により福島第一原子力発電所は壊滅的な被害を受けましたが、その処理も見通しもほとんど立っておらず、しかも放射性廃棄物（いわゆる「核のゴミ」）の処理の問題が依然として未解決なのに、政府・企業が原発の輸出に狂奔しているのは悪い冗談というより、道義的な責任の欠如以外の何物でもありません。どう考えても、経済を優先し（要するに、金が一番大事だという卑しい行い）人道的にも道義的にも劣る行為を平然と行って恥じない日本は恥ずかしく、美しくはありません。私は式子内親王、藤原定家、本阿弥光悦、尾形乾山、松尾芭蕉、新井白石、九鬼周造、中島敦を生んだ日本の文化・芸術を深く愛しており、愛国者と自認しております。愛国心は大切ですが、しかし、これを強制するのではなく、国を愛したい、誇りに思いたいという気持ちが自ずから生まれるような国にすることこそが、政治家の為すべきことで国旗・国歌を強制するのはお門違いです。日本の国歌「君が代」は『古今和歌集　巻第七』の「賀歌」の巻頭にあり、『古今和歌集』のなかでは「君」は天皇ではなく長寿の人であることは明白ですが、明治政府はこれを天皇と規定しました。ちなみに、どの巻であれ巻頭歌と巻軸（末）歌は重要視されています。藤原定家の名歌の一つである「白妙の袖の別れに露落ちて身にしむ色の秋風ぞ吹く」が『新古今集』「恋歌五」の巻頭に置かれたのは一つの文学的事件でした。国旗「日の丸」は侵略戦争の象徴として徹底的に利用された過去があります。過去についての真の反省なくして未来を語る資格はないでしょう。美しい日本を造るのは大切なことですが、過去を謙虚に反省することなくしては、文化・伝統を守り、それを誇りに思う気持ちは生まれず、単なる狂信的な自称愛国者を生むだけです。

　『伊勢物語』に由来する「業平橋駅」という由緒ある駅名を「とうきょうスカイツリー駅」などという、下品な名前にして喜んでいる、文化も伝統も重んじていない今の日本は嫌だ嫌だ。どう考えても美しくありません。こんな国には長居したくありません、早くお迎えが来てくれないかなあ。

⟨No.8⟩

人間の行動様式

(1) The way people act is conditioned by the social custom of their day and age...even the way they think and feel with what one might call their outer layers. (2) To take a very simple and obvious example: The men of the first Elizabethan age (and, Heaven knows, they were very tough enough lot!) cried easily and without shame in public. (3) The rising generation of this second Elizabethan age are returning to much the same feelings, that one's emotions are not for hiding; but (4) the men of my generation, my father's and grandfather's were so conditioned in their extreme youth to the idea that men simply didn't, that by the time they were fifteen or sixteen they couldn't, even in private, except for such things as the death of a wife or child. (5) But that's not to say that they feel, or felt, any less about the things they would have cried about, four hundred years ago.

文章読解

(1)   The way people act is conditioned by the social custom of their day and age ... even the way they think and feel with what one might call their outer layers.

【語句・構文解説】

- The way people act　the way how … は今日の英語ではとれない。
  how … / the way … / the way that … / the way in which …のいずれかである。

- 文頭の文構造は簡単で

  <u>The way people act</u> is conditioned by …という受動態。
  　　(S)　　　　 (V)

- ダッシュ以下も同じ文構造なので、最後に is conditioned by …を補う。

- what one might call their outer layers の what は関係代名詞で第 5 文型。
  　(O)　(S)　　　(V)　　　　(C)

  He is what we call a walking dictionary.「彼は、いわゆる生き字引だ」

- one　冠詞・修飾語句を伴わずに、話者を含む「一般の人」、ただし、訳すときには無視したほうが、無理のない日本語になる。

  One must obey one's parents.「親には従わねばならない」

- might　may よりももっと語調緩和。

- with what one might call their outer layers は文脈から考えて think and feel の両方を修飾。

【訳】

　人間の行動様式はその時代と年代の社会習慣によって決定される――人間の外層とでも呼びうるようなもので考えたり感じたりする仕方さえも。

(2)　To take a very simple and obvious example: The men of the first Elizabethan age (and, Heaven knows, they were very tough enough lot!) cried easily and without shame in public.

【語句・構文解説】

- To take a very simple and obvious example 不定詞の副詞的用法で
  to do him justice「公平に言って」、to tell the truth「本当のことを言うと」などのいわゆる慣用句と同じ用法。

55

to take an example　「一例をあげれば」

●Heaven knows「確かだ」（通例thatを用いない節を伴う）

Heaven knows, I know little of myself.

「確かに、自分のことは私にはほとんどわからないのだ」

●lot（形容詞を伴って）「人、やつ」

He is a bad lot.「悪い奴だ」

●in public ≠ in private　「人前で、公衆の面前で」

【訳】

　ごく簡単で見てすぐわかる一例をあげれば、エリザベス1世時代の男たちは（確かに、なかなか、逞しい奴らだった！）人前で、いともたやすく恥ずかしげもなく泣いた。

(3)　The rising generation of this second Elizabethan age are returning to much the same feelings, that one's emotions are not for hiding; but

【語句・構文解説】

●The rising generation　「青年（層）」

●much the same feelings, that one's emotions are not for hiding

カンマは同格を示す。

●much the same　「ほぼ同じ（the same より意味が弱い）」

【訳】

　現在のエリザベス2世時代の青年たちは、感情は隠すためにあるのではない、というほぼ同じ感じ方に戻りつつある。しかし

(4)　the men of my generation, my father's and grandfather's were so condi-tioned in their extreme youth to the idea that men simply didn't, that by the time they were fifteen or sixteen they couldn't, even in private, except for such things as the death of a wife or child.

【語句・構文解説】

● この文全体の大きな構造はso…thatであるが、soと対応するのは、that by the time…であって、the idea thatのthatのほうではない。

She is so kind that everybody loves her.

「彼女はとても親切なので誰もが彼女を愛する」

● in their extreme youth 「ごく幼い頃に」

● were (so) conditioned (in their extreme youth) to the idea that … condition A to B 「(人・動物などを)…にならす、条件づける」

Poverty conditioned him to hunger.「彼は貧困のために空腹には慣れていた」

● the idea that men simply didn't (cry) thatは同格の接続詞。

I have an idea that some men do not fear death.

「死を恐れない人もいるという考えを私はもっている」

● simply 「(否定文で)けして…ない、絶対…ない」

I simply don't believe it.「とても信じられない」

● by the time they were fiftteen or sixteen「…のときまでには」

I will have finished it by the time you come home.

「あなたが帰宅するまでには、それを終えておきます」

副詞節になるのでyou will come homeと未来形にはできない。

● even in private 前出のin publicの反対語。「たとえ一人になっても」

● except for exceptが語修飾に対しexcept forは文修飾、したがってコンマを置く。

This is a good report, except for this mistake.

=Except for this mistake, this is a good report.

「この間違いを別にすれば、この報告はよくできている」

● such A as B 「BのようなA」

I wouldn't give it to such a man as he.

「私だったら彼のような男にそれをやらない」

● a wife or child childの前にaがないのはa king and queen / a husband

57

and wife と同じように対になっている関係だから。

【訳】

　私の世代や、私の父や祖父の世代の男たちは、ごく幼い頃に男たるものは決して泣くものではないという考えにあまりにも慣らされた結果、15、6歳になる頃までには、妻や子供の死というようなことを除けば、たとえ一人になっても泣くことができなくなっている。

(5)　But that's not to say that they feel, or felt, any less about the things they would have cried about, four hundred years ago.

【語句・構文解説】

●they feel, or felt　二つの時制に注意。

　I was, am, and will be your servent.

　　「私は昔も、今も、これからもあなたの召使いです」

●any less　any は比較級を強調。

　Is he any better ?

　　「彼は少しはよろしいですか」

●they would have cried about　仮定法過去完了だから if-節に相当するものを探すこと、本文では、four hundred years ago。

　Ten years ago, I could have run around this lake within half an hour.

　　「10年前なら、この湖の周りを30分以内で走れただろう」

【訳】

　だからといって、400年前であったら、声を上げて泣いたであろうことについて、彼らが感じることがいささかでも少ないとか、少なかったわけでもない。

全 訳

　人間の行動様式はその時代と年代の社会習慣によって決定される―人間の外層

とでも呼びうるようなもので考えたり感じたりする仕方さえも。ごく簡単で見
てすぐわかる、一例をあげれば、エリザベス1世時代の男たちは（確かに、な
かなか、逞しい奴らだった！）人前で、いともたやすく恥ずかしげもなく泣い
た。現在のエリザベス2世時代の青年たちは、感情は隠すためにあるのではない、
というほぼ同じ感じ方に戻りつつある。しかし、私の世代や、私の父や祖父の世
代の男たちは、ごく幼い頃に男たるものは決して泣くものではないという考えに
あまりにも慣らされた結果、15、6歳になる頃までには、妻や子供の死というよ
うなことを除けば、たとえ一人になっても泣くことができなくなっている。だか
らといって、400年前であったら、声を上げて泣いたであろうことについて、彼
らが感じることがいささかでも少ないとか、少なかったわけでもない。

解 説

　東京大学で出題された英文です。
　エリザベス1世時代はイギリスではルネサンスの時代にあたり、国力も増大
しておりましたし、何よりも宿敵であったスペインのフェリペ2世率いる無敵
艦隊をアルマダの海戦で破り海上権を確立しています。まあ確かに屈強な男た
ちが多かったのでしょう。ところで、シェイクスピアの芝居、例えば『ハムレ
ット』（じつはデンマークの王子ですが）であれ『ロミオとジュリエット』であ
れ、舞台の上で登場人物はしばしば涙を流します。イギリスに限らず、ルネサン
スの時代は人間の感情が爆発しています。フランスの作家フランソワ・ラブレー
の『ガルガンチュアとパンタグリュエル物語』はエスプリ・ゴロワといって下ネ
タなどがいっぱいで哄笑の連続です。
　日本文学を眺めると、涙が多く見られます。『古事記』の中では日本武尊が大
泣きしています。というのも景行天皇の次男であった日本武尊は兄を殺し父から
憎まれており、九州の熊襲を征伐したあと、軍勢も与えられずに東征して蝦夷を
撃つように命じられたとき「父は私に死ねというのか」と言って嘆いています。
『万葉集』の中では「挽歌」の部に、当然のことながら悲しみの歌があります。

「柿本朝臣人麻呂、妻の死にしのちに、泣血哀慟して作れる歌」という詞書きのあとで短歌を２首のせてあります。天武天皇の皇子で、父帝崩御の直後、反逆の理由で死を賜った大津皇子には「大津皇子、死を被りし時に、磐余の池の堤にして涕を流して作らす歌一首」として「百づたふ磐余の池に鳴く鴨を今日のみ見てや雲隠りなむ」という歌を詠んでいます。大津皇子の実の姉である大伯皇女が大津皇子が反逆罪で刑死したあとに詠んだ歌は、『万葉集』のなかでも絶唱でしょう。「うつそみの人なる我や明日よりは二上山をいろせと吾が見む」。この事件は、柳田國男と並び称されれる国文学者、折口信夫が大和言葉だけを使った『死者の書』という本のなかに書いています。真言密教の知識は皆無ですが、最初の弟子智泉（姉の子、甥）が37歳の若さで亡くなったとき52歳の空海の「哀なる哉、哀なる哉、哀の中の哀なり。悲しき哉、悲しき哉、悲の中の悲なり。……哀れなる哉、哀れなる哉、復哀れなる哉、悲しい哉、悲しい哉、重ねて悲しい哉。」（『性霊集』第八巻「亡弟子智泉が爲の達嚫の文」）という言葉には胸を突かれます。孔子が30歳年下の弟子の顔回を亡くしたとき「顔淵死す。子之を哭して慟す。……慟すること有りしか。夫の人の爲に慟するに非ずして、誰の爲にかせん。」（『論語』先進第十一）と述べているのと同じです。弟子の死をこれほど悲しむとは、この言葉だけで、私は空海を信じたくなります。『源氏物語』「絵合の巻」に「物語のいで来はじめの祖」と書かれている『竹取物語』では、かぐや姫は月を見ては泣いていますし、かぐや姫が去ったあとでは、今度は翁、嫗が泣いています。『伊勢物語』では教科書にも出てくる有名な第九段の「東下りの段」で、「京には見えぬ鳥なれば、皆人知らず。渡守に問ひければ「これなむ都鳥。」といふを聞きて、

　　　名にしおはばいざ言問はむ都鳥わが思ふ人はありやなしやと

とよみければ、舟こぞりて泣きにけり」とあります。

　『源氏物語』は本居宣長が『玉の小櫛』のなかで述べているように「もののあはれ」が中心の主題ですので、涙はいっぱい出てきます。とくに「橋姫」から「夢浮橋」の宇治十帖ではそれこそ毎ページ誰かが涙を流しています。ところで、光源氏は道長がモデルとされており、なよなよとしたイメージが付きまといますが、『大鏡』を読むと、肝試しはするわ、弓争いはするわ、夜っぴいて賭博はす

るわで、道長の豪胆ぶりがうかがえます。典型的な和漢混交文で書かれている
『平家物語』は、読んでいて心地良いので2回ほど読みましたが、平家の公達は
じつによく涙を流します。とくに平清盛の長男で人望の厚かった重盛の死は、平
家一族に衝撃を与えています。冷静・沈着・温厚で信仰にも厚く、清盛を諫める
ことのできる唯一の人とみなされ、「清盛が死んでも重盛さえいれば、平家は安
泰だ」と皆から信頼されていた重盛は父清盛より早く43歳で亡くなっています。
壇の浦で平家が滅亡する前のことです。清盛の娘で高倉天皇の中宮となり、安徳
天皇の母である平徳子は、壇の浦で安徳天皇と共に入水しますが、助け上げられ
て、その後は仏門に入り、門院名を建礼門院といい平家の菩提を弔う念仏三昧
の静かな生活を送っております。『平家物語』の最終巻は「灌頂の巻」と呼ばれ、
建礼門院が結ぶ庵へ後白河法皇が尋ねてきて、昔語りをするところで終わってい
ます。

　作者は不明ですが謡曲の中でも最も秀れた一つである『大原御幸』は、この場
面を描いたものです。学者の用語を借りると『原平家物語』に、この「灌頂の
巻」が入っていたかどうかは、国文学者の間では今でも議論されていますが、そ
のような専門的な議論は学者に任せておきましょう。

　「灌頂の巻」にはさらに建礼門院に従ってきた女官たちの悲恋も語られていま
す。その一人に右京大夫という人がいて、『建礼門院右京大夫集』という私歌集
を出していますが、壇の浦で入水した年下の貴公子平資盛との恋愛と追善供養を
詠んだ哀れを誘う歌集です。世阿弥を代表とする「能」においてはシテはほんの
少し面を下げ、手をかざすだけで、泣く仕種を表しています。近松門左衛門の心
中もの、たとえば『曽根崎心中』『心中天網島』の道行も涙を誘うものです。歌
舞伎の『仮名手本忠臣蔵』や映画・テレビ化されている、日本人の大好きな『忠
臣蔵』でも、浅野内匠頭が切腹したことが、赤穂に伝わると家臣一同涙にくれま
す。古来日本では、笑うにしろ泣くにしろ、感情を表すことは、禁じられていた
のではありません。

　日本で泣くことを忌避するようになったのは、江戸時代中期に武士道が採り入
れられるようになってからです。「武士道と云うは死ぬ事と見つけたり」という
言葉で有名な、佐賀鍋島藩士の山本常朝の口述である、鍋島論語と言われた『葉

隠』は、明治維新以後の日本の軍隊の中で重んじられてきました。『戦陣訓』などに大きな影響を与えています。とくに太平洋戦争の時代は「生きて虜囚の辱めを受けず」などと叫ばれ、死ななくてもよかった多くの人々が犠牲になっています。忍耐すること、泣かないことが求められていたのです。ニュース映画を見ると、たまに「靖国の家」という名札を張った家が出てきます。これは戦死して靖国神社に祀られている人のいる家で、内心はともあれ息子を失った両親は、人前では泣かず、「息子がお国のためになった」と言って笑顔さえみせています。つまり英文に出てきたように、泣かないように規定されていたのです。芥川龍之介に『手巾』という作品があります。東大に通っていた息子が病死し、母親が息子の恩師の家にゆき、その報告をするのですが、母親は息子の死をまるで恋人の話でもするように、微笑みを浮かべて語ります。教師は少し不愉快な気分になるのですが、テーブルの下を何気なく見ると、母親は両手でハンカチを裂けんばかりにぎゅっと握りしめているのです。つまり母親は手で泣いていたのです。この先生のモデルがあとで述べる、新渡戸稲造らしいのです。

　戦後の一時期にはこの『葉隠』はほとんど禁書扱いでした。私が知ったのは、三島由紀夫が自決する３年前に『葉隠入門』という本をカッパブックスから出してからです。武士道というともう一つ逃していけないのが、新渡戸稲造が達意の英文で書いた『武士道』（BUSHIDO: The Soul of Japan）で、出版されたのは1900年のことで、当時世界で広く読まれました。新渡戸稲造はアメリカ留学が７年と長いうえに、妻もアメリカ人ということもあり、英語は得意でした。私も読んでみましたが、今一つ感心しませんでした。

　夏目漱石が第一高等学校の英語の教授であった当時、校長の新渡戸稲造を嫌っておりました。漱石の家には第一高等学校の教え子である、小宮豊隆、鈴木三重吉、森田草平などが出入りしていましたが、毎週の面会日を木曜日と定め、これが「木曜会」となり、その門下には内田百閒、野上弥生子、芥川龍之介、久米正雄、寺田寅彦、阿部次郎、安倍能成などが集まりましたが、新渡戸稲造の話になると「なんだ新渡戸の稲コウか」と、漱石は言っていたそうです。

　ところで、大衆というものは時として残酷なもので、人がとくに有名人が泣くのを見て喜ぶ傾向があります。戦前から戦後にかけて「日本の喜劇王」と呼ばれ

たエノケン（榎本健一）という人がいました。浅草でデビューし、劇場や映画で大活躍した当代の人気役者でした。今日では考えにくいのですが、明治時代から昭和30年代まで浅草は東京一の大歓楽街で、とくに六区という所には演芸場、オペラ常設館、劇場、映画館が軒を並べ、休日ともなると歩けないほど人が押しかけて娯楽に興じていました。作家たちもしばしば足を運び、高見順の『如何なる星の下に』の舞台になっているし、若き日の川端康成は浅草を舞台にして『浅草紅団』などの作品を書いており、エノケンの舞台もしばしば観ていました。その喜劇王エノケンの長男が結核で若くして亡くなり、多くのファンや野次馬が集まったのですが、告別式のときに挨拶をしていたエノケンが途中で絶句し涙を流した折に「エノケンが泣いている」と言って笑った人々がいました。

　浅草といえばもう一人忘れてはならないのは永井荷風です。戦後に千葉県の市川に居を構えて以来、死にいたるまでまるで憑かれたかのように毎日浅草に足を運んでいたことが、荷風の日記で死の前日まで書かれた『断腸亭日乗』に記されています。荷風の最高傑作が『濹東綺譚』であることは衆目の一致するところでしょうが、荷風の文学を知るうえではこの『断腸亭日乗』を逃すことはできません。ただし公表を意図して書かれている節があり、そのまま鵜呑みにはできませんが、文学上アンドレ・ジイドの『日記』に匹敵するものです。

　毎年暮れになると、歌謡大賞なるものがテレビで放送されていますが、十代の女の子が新人賞を取るとこの子を泣かそうとプロデューサーや司会者はそれこそ躍起になっています。最優秀新人賞に選ばれると大抵の子はそれだけですぐに泣きますが、泣かないとステージで歌っている最中に両親が舞台に登場し手を取り合って泣き出します。それでも泣かないと入院していまにも死にそうな祖母からの電話まで掛かってくる始末です。最後まで泣かない子もたまにはいて、すると可愛げがないなどと不平をもらすことになります。前にも書きましたが大衆とは残酷なものです。

⌐〈No.9〉

文化の形

(1) It is not easy for an individual to see how much of his thoughts, feelings, and activities are decided for him by the civilization in which he grows up. (2) Many of our beliefs are acquired in the course of daily affairs without our awareness. The same is true of our customs. (3) When an inhabitant of Calcutta wishes to sit down he thinks nothing of squatting on his heels; a New Yorker finds that position impossible. (4) We are immersed in, bound by, our civilization, hardly recognizing to what extent that is the case. It is everyone's conviction that things have always been pretty much as they are now. Nothing could be further from the truth. (5) We are living at this moment somewhere along the life-line of a civilization, in which certain beliefs and practices are routine and native——a civilization, however, which will some day decline and die, to be replaced by another in which all that we stood for and much that we accomplished will seem strange and outdated, at best quaint.

文章読解

(1)　It is not easy for an individual to see how much of his thoughts, feelings, and activities are decided for him by the civilization in which he grows up.

【語句・構文解説】

● It … to 構文で for an individual は to see の意味上の主語。

● see「…がわかる」 I see what you mean.「君の言いたいことはわかる」

● how … grows up の how-節が see の目的語。

【訳】

　人間の思考・感情・行動のいかに多くが、自分の育った文化によって規定されているかは、自分ではなかなかわからないものである。

(2)　Many of our beliefs are acquired in the course of daily affairs without our awareness. The same is true of our customs.

【語句・構文解説】

● in the course of = during 「…の間」

● without our awareness 「我々の知らないうちに」名詞構文。

　our awareness = we are aware

　Not a week passed without her writing to us.

　「1週間も途切れることなく彼女は必ず私たちに便りをくれた」

　her writing = she wrote

● be true of 「あてはまる」

　The same is true of me.「同じことが私にもあてはまる」

【訳】

　我々が抱いている信念の多くは、日常生活のなかで、それと気がつかないうちに身につけたものだ。同じことは習慣についてもいえる。

(3)　When an inhabitant of Calcutta wishes to sit down he thinks nothing of squatting on his heels; a New Yorker finds that position impossible.

【語句・構文解説】

●thinks nothing of A 「なんとも思わない」

　think much of A ≠ think nothing of A

　She seems to think nothing of lying.

　「彼女は嘘をつくのをなんとも思っていないらしい」

●squatting on his heels 「正座する」

●a New Yorker finds that position impossible. の第5文型。

　　(S)　　　(V)（O）　　　　　（C）

【訳】

　カルカッタの人間が座ろうとするときには、正座することなどはなんとも思わないが、ニューヨークの人間にはそんな座り方は不可能だと思う。

(4)　We are immersed in, bound by, our civilization, hardly recognizing to what extent that is the case. It is everyone's conviction that things have always been pretty much as they are now. Nothing could be further from the truth.

【語句・構文解説】

●are immersed in 「どっぷりと浸かりきる」

●hardly recognizing = but we hardly recognize　分詞構文。

●To what extent do you like golf?

　「どの程度ゴルフをお好きですか」

　to … extent は程度を示す副詞句。

●that is the case 「事実はそうだ」

●It … that の形式主語構文で、It is … that の強調構文ではない。

●pretty much = nearly

●as + S + be は全体で補語として働くことができる。

Everything is as it should be. 「すべてのものがあるべき姿である」
　　(S)　　(V)　　　(C)

● I am so hungry that I could eat a horse.
「腹ぺこで馬一頭食えそうだ」（その気になれば）
条件節の内容を言外に含めた主節だけの文。

● further　far には「距離」と「程度」の二つの意味があり、それぞれで比較級が違う。
farther と further
Study further. 「もっと勉強しなさい」

【訳】
　我々は自分の文化のなかにどっぷりと浸りきり、縛られているが、その事がどの程度のものなのか、ほとんど認識していない。物事は今も昔もほとんど変わりがなかったと誰しも思い込んでいるが、これほど、真実ならざるものはないであろう。

(5)　We are living at this moment somewhere along the life-line of a civilization, in which certain beliefs and practices are routine and native— a civilization, however, which will some day decline and die, to be replaced by another in which all that we stood for and much that we accomplished will seem strange and outdated, at best quaint.

【語句・構文解説】
● life-line　「生命線」
● certain 後に複数形の名詞があるので「いくつかの」であり「ある」ではない。
● beliefs and practices　「信念と習慣」
● routine and native　「決まりきったそして固有な」
● to be replaced by another　は結果を表す不定詞。
　She grew up to be very beautiful.
「彼女は成長し美人になった」

67

- in which 節のなかでは all that we stood for and much that we accomplished が主語 seem が動詞、strange and outdated, at best quaint が補語の S + V + C の第 2 文型。
- stood for 「支持する」
- at best 「せいぜい、たかだか」
- quaint 「風変わりな」

【訳】

　我々はこの瞬間ある文化の生命線のある地点に生きており、そこではいくつかの信念・習慣は決まりきったもので、固有なものである、——しかしながら、文化はいつの日にかは衰退し、死に絶えて、別の文化に取って代わられるが、その文化においては、我々が支持していたすべてと、我々が成し遂げてきたものの多くが異質で時代遅れの、せいぜいが風変わりなものに映るのである。

全　訳

　人間の思考・感情・行動のいかに多くが、自分の育った文化によって規定されているかは、自分ではなかなかわからないものである。我々が抱いている信念の多くは、日常生活の中で、それと気がつかないうちに身につけたものだ。同じことは習慣についてもいえる。カルカッタの人間が座ろうとする時には、正座することなどはなんとも思わないが、ニューヨークの人間はそんな座り方は不可能だと思う。我々は自分の文化の中にどっぷりと浸りきり、縛られているが、そのことがどの程度のものなのか、ほとんど認識していない。物事は今も昔もほとんど変わりがなかったと誰しも思い込んでいるが、これほど、真実ならざるものはないであろう。我々はこの瞬間ある文化の生命線のある地点に生きており、そこではいくつかの信念・習慣は決まりきったもので、固有なものである、——しかしながら、文化はいつの日にかは衰退し、死に絶えて、別の文化に取って代わられるが、その文化においては、我々が支持していたすべてと、我々が成し遂げてきた

ものの多くが異質で時代遅れの、せいぜいが風変わりなものに映るのである。

解説

　美人の定義というか好みがどれほど時代によって変化しているかは、少し日本史を考えただけでも明らかでしょう。天平時代の「鳥毛立女屏風」を見ると中国の唐代の美人画の影響でしょうが、下膨れで富士額です。これが当時の美の基準というか理想だったのでしょうが、今日の私から見るとなんだか、おかめのような印象を受けます。次は『源氏物語絵巻』に典型的に現れている引目、かぎ鼻で、どれも個性を感じることができません。あまりにも類型化されているせいなのかもしれません。アンドレ・マルローが絶賛した神護寺の『源頼朝像』（今日の研究では別人説が有力）のような意志の強さというかその人物の本質に迫ろうという気概は受けません。東洲斎写楽は別格として、鈴木春信、喜多川歌麿に代表される浮世絵の美人画でも同じことで、春信の「江戸三美人」（柳屋お藤、女形の瀬川菊之丞、笠森お仙）歌麿の有名な「寛政三美人」（難波屋おきた、富本豊雛、高島屋お久）を見ても私には区別がつきません。私にはどの人物も同じに見えてしまいます。ただしすぐに断っておかなければならないことは、当時の江戸の庶民にとっては、人物の違いは明白だったことです。つまり私には違いを見分ける目が失われているということです。こんな私でも渡辺崋山の『鷹見泉石像』『佐藤一斎像』の眼光炯々（ケイケイ）として、事の本質を見抜いているように思える肖像画には圧倒されます。明治・大正時代の名妓たちの写真を見たことがありますが、今一つ私にはピンときません。つまり私の目が現代の基準に支配されているからでありましょう。

　銀行のカレンダーや喫茶店の名前にまでもなっていて日本人に人気の高いルノアールの絵が発表当時どうしてあれほど反感をもって迎えられたのか、長いこと私には疑問でした。どうしてあのふくよかな女性が否定され、薔薇色の肌が死斑であるといわれたのか、どうしても理解できませんでした。わかり始めたのは、ダヴィッド、アングル、とりわけジェロームの絵をみるようになってからです。18世紀末から19世紀の半ば過ぎまでフランスの画壇を支配していたのは、ポン

ペイ遺跡の発掘およびドイツの美術史家ヴィンケルマンが古代ギリシアを賛美した評論『古代美術史』にみられる古代ギリシア・ローマを理想とする新古典派で、筆跡をできるかぎり排し、彫刻のような画面を構成することでした。ダヴィッドの『ナポレオンの戴冠式』は世界史の教科書に載っているので諸君も知っているでしょうが、縦6.5メートル、横9.5メートルという巨大な絵でルーヴル美術館のなかでも最大な作品の一つです。アングルでは『グランド・オベリスク』『泉』『トルコ風呂』などは、どの美術書にも出てくるので日本人にも馴染みの絵でしょう、しかし筆跡はありません。ジェロームは日本ではあまり有名ではありませんが『法廷のフリュネー』そして1847年のサロンで銅メダルを獲得した『闘鶏』をオルセー美術館でみたとき、画面中央の少女の額は大理石による彫刻そのもののようで筆跡など何一つありません。筆跡が明瞭にある、モネやルノアールの絵は未完成品とみなされ、展覧会に出品するなどとんでもないことだったのです。

　日本人がルノアールをはじめとして、マネ、モネなどの印象派の絵画を愛好しているのも歴史的背景が考えられます。印象派の絵画がヨーロッパで認められ始めたのは19世紀も後半になってきてからで、明治維新が1868年であり、黒田清輝がフランスに留学したのが1884年から1893年で、本当は法学を学ぶのが目的でしたが、その後絵画に強く引かれて師事したのが印象派の画家であるラファエル・コランであったことと関係しています。明治維新があと30年早ければ日本人の西洋絵画の好みは、おそらく新古典派であったでしょう。これと似たようなことを『日本の思想』のなかで丸山眞男が書いています。

　　日本にヨーロッパの近代科学がどっと移入された19世紀後半というのは、ちょうどヨーロッパでは社会の組織の上にも、あるいは文化形態の上にも、専門化現象、つまり分業とスペシャリゼーションが急速に進んだ時代であります。たとえば社会科学を例にとりますと、19世紀の前半の学問の形態と、後半の学問の形態とではその相貌が一変しているわけです。19世紀の前半を見ますと、たとえば、ヘーゲルとか、シュタインとか、マルクスとか、あるいはベンサム、コントといったような学者を挙げれば分かりますように、法律学とか、経済学とか、社会学とかいったような、個別科学の分類からいうとどこへ入るのだかわからないような、非常に包括的な総合的な学問体系が続々と輩出しております。ところがこういう状況は世紀の後半に入る

と急激に変化するわけであります。the social science が崩れてもろもろの social sciences になった。

　丸山はこの専門化されすぎた学問を「タコツボ型」と呼び、もう一方を「ササラ型」ということで説明しています。たとえ独創的であろうとも西田幾多郎の哲学は、ヘーゲル的な体系ではありません。『善の研究』をはじめとして日本では西田幾多郎の研究者は多くいますが、私は『「いき」の構造』、『偶然性の問題』の著者であり西田と同じく京都帝国大学哲学科の教授であった九鬼周造のほうがはるかに好きです。

　カレンダーというと、モンブラン、マッターホルンなどアルプスの山々のカレンダーも広く行き渡っていますが、このアルプスの山々が愛好されるようになったのも、たかだか200年にすぎません。古来アルプスの山々は悪魔の棲む場所として恐れられておりました。16世紀のモラリストで『エセー』の著者として名高いモンテーニュは、アルプスを越えローマへ巡礼にゆき『旅日記』を残していますが、アルプスの山々の記述は1カ所もありません。また17世紀のデカルトにしてもアルプスを越えてイタリアに行っているのですが、アルプスの自然については一行も遺しておりません。自然に目を向け始めたのはルソーをはじめとするロマンチシズム以降の作家たちなのです。

　ところで、私たち日本人は子供の頃から蛸は刺し身、酢の物、寿司種として好んで食べてきています。ヨーロッパでもイタリア、スペインなど地中海に面した国々でも蛸は、たとえばリゾット、パエリヤなどにも使われていますが、ヨーロッパ中部のキリスト教徒にとって蛸は中世以来悪魔のイメージとされていました。ちょっと想像してもらいたいのですが、生まれてから一度も蛸を見たことのない人の目の前に、生きた蛸を持ってきてその足でも切って食べろと言ったら、おそらくその人はどうして火星人を食べなければならぬかと言って卒倒するでありましょう。

　味覚などのように生まれながらにもっていると思われることでも、私たちは生まれ育った環境に大きく影響を受けていますし、時代に左右されています。すき焼きやステーキの嫌いな人は今では少数派だと思いますが、100年ちょっと前までは食べていなかったのです。福澤諭吉の話によると福澤が家で牛肉を食べると、

獣の臭いがするといって、家中の戸が開けられたとのことです。また、鮪のトロは今は高価ですが、おおげさに言うと、昔はそれこそ捨てられていたものでした。鮪といえば赤身だったのです、志賀直哉の『小僧の神様』に出てくる小僧が食べようとしたのは間違いなく赤身の鮨です。トロを珍重するようになったのは、食の西洋化が進んだ戦後のことでステーキを美味だと舌が感じるようになってからの現象です。鮨といえば魚を生で食べるのは西洋の料理にはなかったことですが、昨今ではスシバーなるものがアメリカでは健康に良いといって、流行していることは諸君もよく知っていることでしょう。大阪の医師寺島良安が中国の『三才図絵』を範とした、いわば絵入りの百科事典である『和漢三才図絵』（正徳２年＝1712年刊行、平凡社の東洋文庫全18巻がもっとも入手しやすい。今日さして有用ではない本を読む、この贅沢）によれば、秋刀魚は「魚中の下品」とされ、鰯とともに最たる下品にランクされています。ちなみに、ほかに下品とされている魚は、鯖、鯵、小鰭、鮪、河豚、鮒、泥鰌、牡蠣。特筆すべきは鮪のトロで、今日では考えられませんが、下品の最たるものとされて食べるどころか、捨てられるか、肥料とされていました。今日では漁獲量が少なくなって高級魚の仲間入りをしている鰯は、つい最近まで大量に獲れ、肥料にされていました。

　古代ローマでは兜虫の幼虫、まあ蛆虫の親分のようなものが珍味とされていましたし、アフリカやニュージーランドの未開民族の中には、ミミズ、昆虫そのものやその幼虫を生のままで食べていますが、これはミネラル、ビタミンを体が要求しているからであり、これをもって野蛮というのは、我々の不遜です。洗練されているといわれているフランス料理の中では、蝸牛や蛙を食材にしているではありませんか。このような例をみてくると、味覚という極めて個人の領域に関しても、じつは私たちは生まれ育った文化、文明に驚くほど規定されているのです。

　最後のだめ押しとして髪型を考えてみましょう。モヒカン刈り、弁髪、アフロヘアなど世界には様々な髪型がありますが、私の知る限りでは丁髷ほど手の込んだというか奇妙な髪型は考えられません、しかしあれが武士にとっては正装であり、丁髷を切られることは屈辱であったのです。小林正樹監督の『切腹』という映画を見れば、このことは十分に理解できます。

⟨No.10⟩

平等について

(1) That all men are equal is a proposition to which, at ordinary times, no sane human being has ever given his assent. (2) A man who has to undergo a dangerous operation does not act on the assumption that one doctor is just as good as another. Editors do not print every contribution that reaches them. And when they require Civil Servants, even the most democratic governments make a careful selection among their theoretically equal subjects. (3) At ordinary times, then, we are perfectly certain that men are not equal. But when, in a democratic country, we think or act politically we are not less certain that men are equal. (4) Or at any rate which comes to the same thing in practice we behave as though we were certain of men's equality. (5) Similarly, the pious mediaeval nobleman who, in church, believed in forgiving enemies and turning the other cheek, was ready, as soon as he had emerged again into the light of day, to draw his sword at the slightest provocation. The human mind has an almost infinite capacity for being inconsistent.

＊　冒頭で人間は平等ではない、という私たちが普段なんの疑問もなく信じていることの反対を述べて、読者の注意を喚起する筆法が、本文では有効に働いている。

文章読解

(1)　That all men are equal is a proposition to which, at ordinary times, no sane human being has ever given his assent.

【語句・構文解説】

● That all men are equal の That は名詞節を導く接続詞で、この名詞節が is の主語。

● proposition　多義語で本文では「statement, assertion、主張、提案」。

● to which がどこに掛かっているかは、give one's assent to A という熟語の知識が必要。

　He gave his assent to the proposal.

　「彼はその提案に同意した」

● at ordinary times　「普通の場合」

● no sane human being has ever given his assent (to which)　主語に no がついている文で日本語にはない構文、この no はあとに出てくる ever と関連させ never とし、動詞を否定するように訳すとうまい日本語になる。

【訳】

　すべての人間は平等だという主張は、普通の場合には、分別のある人なら誰であれ決して同意しない主張である。

(2)　A man who has to undergo a dangerous operation does not act on the assumption that one doctor is just as good as another. Editors do not print every contribution that reaches them. And when they require Civil Servants, even the most democratic governments make a careful selection among their theoretically equal subjects.

　ここで冒頭の文章の具体例が三つあげられている。

【語句・構文解説】

- undergo a dangerous operation 「危険な手術を受ける」
- act on A 「Aに基づいて行動する」

  She acted on my advice.

  「彼女は私の忠告に従った」

- assumption assume の名詞で、taking for granted, supposing a thing to be true without a proof 「（証拠もなしに事実と）思い込む」
- assumption that の that は同格の名詞節を導く接続詞。「～という」

  There is no proof that he stole it.

  「彼がそれを盗んだという証拠はない」

- one doctor is just as good as another 「医者なら甲でも乙でも同じだ」

  この good には「上手」の意味ではなく「どちらでも同じ」という場合の用法。

  He as good as told me that I was a liar.

  「彼は僕を嘘つきだと言ったも同然だ」

  as good as = almost

- when they require Civil Servants の they は後出の the most democratic governments を指している。一般に主節に名詞がきて、従属節に代名詞がくる。たとえ、従属説が主節の前にあっても。

  Though he is rich, Tom is stingy.

  「トムは金持ちだがけちだ」

- Civil Servants 「公務員」
- make a careful selection = select carefully

【訳】

　危険な手術を受けなければならない人は医者なら甲も乙も同じだという想定のもとに行動はしない。編集者は手許に届けられる原稿をどれでも掲載するわけではない。また、公務員がいるとき、どれほど民主的な政府といえども、理論上は平等な国民のなかから入念な選抜を行う。

(3) At ordinary times, then, we are perfectly certain that men are not equal. But when, in a democratic country, we think or act politically we are not less certain that men are equal.

【語句・構文解説】

● we are not less certain

　　前の文章で we are perfectly certain「十分に確信している」と述べてあり、それと比べて「より少なく確信しているのではない」→「同じように確信している」

【訳】

　　このように、普通の場合には、人間は平等ではないということを我々は十分に確信しているわけである。ところが、民主国家において、我々が政治的にものを考えたり行動したりする場合には、人間は平等だと同じように確信している。

(4) Or at any rate which comes to the same thing in practice we behave as though we were certain of men's equality.

【語句・構文解説】

● Or at any rate 「いや、とにかく」

● which comes to the same thing 「こう言ったところで同じことだが」

　　which は、後続する節 we behave as though we were certain of men's equality を先行詞とする。

　　Moreover, which the poor man never expected, they had decided in advance to dismiss him. which の先行詞は they had…him。

　　「そのうえ、気の毒にもその人は夢にも思わなかったが、彼らは前もって彼を解雇することに決めていた」

　　The writer began to write a novel again, and which is harder to believe, he quit drinking.

「その作家はまた小説を書き始めた、そしてもっと信じがたいことには酒をやめた」。whichの先行詞はhe quit drinking。

● as though = as if

【訳】

いや、何はともあれ——これは実際には同じことになるが——我々は人間の平等を確信しているかのように振る舞うのである。

(5) Similarly, the pious mediaeval nobleman who, in church, believed in forgiving enemies and turning the other cheek, was ready, as soon as he had emerged again into the light of day, to draw his sword at the slightest provocation. The human mind has an almost infinite capacity for being inconsistent.

【語句・構文解説】

● Similarly= In the same way 「同様に」

● pious 「信心深い・敬虔な」

● believed in 「正しいと信じる」

● turning the other cheek これが聖書の中の言葉であることに気がつかなければならない。the pious mediaeval nobleman「敬虔な中世の貴族」、in church「教会では」がヒント。

"whosever shall smite thee on the right cheek, turn to him the other also" 「人もし汝の右の頬を打たば、左をも向けよ」(マタイ伝第5章39節)

● was ready, …, to draw his sword と続く。「すぐにも剣を抜こうとした」

● emerged … into the light of day 「明るい所に出ると」

● the slightest provocation この最上級を「いちばん…」と訳すのは誤訳で「ほんのちょっとしたことで」。

If you have the slightest doubt, don't sign the bill.

「少しでも疑問があれば、請求書にサインはするな」

● infinite 「無限の」

●inconsistent 「矛盾する、一貫性のない」

（余談）

　国文科は別として、およそ大学に入学した人は『聖書』を読むことは必須です。だからといって信仰を勧めているのではありません、そもそも私自身は信仰をもっていません。西洋人の著作には『聖書』からの引用が無数に隠れていまして、それに気がつかないと著者の本意を見落としてしまうからです。ご存じのように『旧約聖書』はヘブライ語で書かれ、『新約聖書』はギリシャ語といってもプラトンやソフォクレスの用いていた古典ギリシャ語でなく、少し崩れたコイネーで書かれています。学生時代に友人に誘われてカトリック教会でコイネーを習いましたが、目的の半分以上は女の子だったので、動機が不純ゆえ残念ながらものになりませんでした。ギリシャ三大悲劇詩人、アイスキュロス、ソフォクレス、エウリピデスの中では私はソフォクレスがいちばん好きで、大学生のときに『オイディプス王』『アンティゴネ』を読んだときにはそれこそ圧倒されました。『オイディプス王』を書いたのはソフォクレスが70歳を越えてからで、これを知ると、私でもまだ間に合うという気になります。そういえば近松が『心中天網島』など一連の心中物の傑作を書いたのも60歳代後半です。原語で読みたいので、退職後には（私の教えている大学の定年は72歳なので、認知症にかかっていなければ）古典ギリシャ語を学ぶ予定です。中世になると旧・新の『聖書』はラテン語訳され、それを『ウルガータ』といい、教会の中で読まれ続けました。大学院の頃ラテン語は少しばかり勉強したので、『ウルガータ』を読んだことはあります。『聖書』は大著ですからすべてを読む必要はありませんが、『旧約聖書』なら「創世記・出エジプト記・詩編」を『新約聖書』なら「マタイによる福音書」「マルコによる福音書」「ルカによる福音書」「ヨハネによる福音書」の四福音書と最後の「ヨハネへの黙示」は読んでおかなければならないでしょう。

【訳】

　これと同じように、教会の中では、敵を許すことや片方の頬を打たれたら他の頬を向けることが正しいと信じていた中世の敬虔な貴族は、いったん外の明るい所に出るや、きわめて些細なことから剣を抜きかねなかった。人間の心はほとんどどんな矛盾も容れる能力をもっているのである。

全　訳

　すべての人間は平等だという主張は、普通の場合には、分別のある人なら誰であれ決して同意しない主張である。危険な手術を受けなければならない人は医者なら甲も乙も同じだという想定のもとに行動はしない。編集者は手許に届けられる原稿をどれでも掲載するわけではない。また、公務員がいるとき、どれほど民主的な政府といえども、理論上は平等な国民の中から入念な選抜を行う。このように、普通の場合には、人間は平等ではないということを我々は十分に確信しているわけである。ところが、民主国家において、我々が政治的にものを考えたり行動したりする場合には、人間は平等だと同じように確信している。いや、何はともあれ——これは実際には同じことになるが——我々は人間の平等を確信しているかのように振る舞うのである。これと同じように、教会の中では、敵を許すことや片方の頬を打たれたら他の頬を向けることが正しいと信じていた中世の敬虔な貴族は、いったん外の明るい所に出るや、きわめて些細なことから剣を抜きかねなかった。人間の心はほとんどどんな矛盾も容れる能力をもっているのである。

解　説

　Aldous Huxley（1894〜1963）の The Idea of Equality が出典です。

　人間は生まれながらに平等だ、と頭から信じている人は読者の中にはいないと思いますが、世の中は不平等だらけです。才能であれ、容貌であれ、金銭であれ

一体どこに平等があるでしょうか。大学生になる諸君は、いわゆる世の常識といわれているものを疑うだけの知性は身につけてください。たとえば「若い頃の苦労は買ってでもせよ」などと大人は無責任にも言いますが、苦労すれば人間は立派になるどころか、いじけ、嫉妬深くなり、暗い性格になります。嘘だと思うなら10年浪人してみなさい。

　この筆者のハクスレーはイギリスの名門の家系出身で、ハクスレー家は代々生物学・医学の学者を輩出しています。祖父のトマス・ハクスレーはロンドン大学の教授でチャールズ・ダーウィンの親友であり、ダーウィンの進化論を広めることに功績がありました。進化論に反対する者には激しい攻撃を加え「ダーウィンのブルドッグ」という渾名がついています。父レナードは一流の文芸雑誌の編集者を経てロンドン大学の教授になり大学改革に力を尽くしました。兄ジュリアンはオックスフォード大学の生物学教授であり、また国連ユネスコの創立の際には事務総長に就任しています。オルダス自身はイートン校時代に眼病をわずらって医学の道を断念し退学しましたが、のちオックスフォード大学に入学し文筆の道に入り、作家、評論家として活躍しました。弟のアンドルーはケンブリッジ大学の教授で、神経細胞の活動電位の研究でノーベル生理・医学賞を受賞しています。

　『チャタレー夫人の恋人』で有名なD. H.ロレンスとハクスレーは親友でありました。1930年にロレンスは結核で亡くなり、２年後に『ロレンス書簡集』が出版された際にハクスレーは序文を書いていますが、それは単なる序文ではなく、数多くのロレンス論のうちでもっとも優れたロレンス論の一つであることは、ロレンス研究者の間では定説になっています。序文ですので、１時間もあれば読み終えることができます。短いけれどもロレンスのことがよく理解できる文章です。このような文章を読むと、ポール・ヴァレリーの『デカルト論』が連想されます。学生の頃に必要があって読んだ数百ページもある分厚い哲学用語がちりばめられている、今思うと書いてる当人すらもよく理解していないような多くのデカルト論は読むのに何日もかかり悩まされましたが、一方、ヴァレリーの『デカルト論』は１時間もあれば読み終えることができる作品ながらもはるかにデカルトの本質を突いており、しかもわかりやすいのです。世の中には頭の良い人がいるものだと、ヴァレリーの文章を読んだときに痛感しました。

―〈No.11〉――――――――――――――――――――――――――――――

美と芸術

(1) Most of our misconceptions of art arise from a lack of consistency in the use of the words art and beauty. It might be said that we are only consistent in our misuse of them. (2) We always assume that all that is beautiful is art, or that all art is beautiful, that what is not beautiful is not art, and that ugliness is the negation of art. (3) This identification of art and beauty is at the bottom of all our difficulties in the appreciation of art, and even in people who are acutely sensitive to aesthtic impressions in general, this assumption acts like an unconscious prosecutor in particular cases when art is not beauty. (4) For art is not necessarily beauty: that cannot be said too often or too blatantly. Whether we look at the problem historically (considering what art has been in the past ages) or sociologically (considering what art is in its present-day manifestations all over the world) we find that art often has been or often is a thing of no beauty.

文章読解

(1)   Most of our misconceptions of art arise from a lack of consistency in the use of the words art and beauty. It might be said that we are

only consistent in our misuse of them.

【語句・構文解説】

●misconceptions 「誤った観念」

●the words art and beauty 名詞と名詞で同格。「芸術と美という言葉」

●consistency = keeping to the same principles 「首尾一貫性」

●It might be said that … 「that以下と言えもしよう」

●consistent consistencyの形容詞。

●our misuse of them 名詞構文で文にすると we misuse them。

【訳】

　芸術についてもっている我々の誤った観念の大半は、芸術および美という言葉の用法に首尾一貫性を欠いていることに由来するものである。我々はこれらの言葉の誤用にかけてのみ一貫していると言えもしよう。

(2)　We always assume that all that is beautiful is art,or that all art is beautiful, that what is not beautiful is not art, and that ugliness is the negation of art.

【語句・構文解説】

●assume = suppose, take for granted 「思う、当然視する」

●assume that S + V,

　　　　, or that S + V

　　　　, that S + V

　　　　, and that S + V

　　　　四つの that 節が assume の目的語になっている。

●all that is beautifulのthatは関係代名詞で先行詞はall。

●what is not beautifulは名詞節でisの主語。

【訳】

　美しいものはすべて芸術であり、あらゆる芸術は美しいものであり、美し

くないものは芸術ではなく、醜いものは芸術の否定であると、いつも我々は思い込んでいる。

(3) This identification of art and beauty is at the bottom of all our difficulties in the appreciation of art, and even in people who are acutely sensitive to aesthetic impressions in general, this assumption acts like an unconscious prosecutor in particular cases when art is not beauty.

【語句・構文解説】

- identification of art and beauty 「芸術と美との同一視・芸術とは美しいものであるという態度」
- at the bottom of … 「…の原因である」
  Ignorance is at the bottom of the affair.
  「無知が事件のおもな原因である」
- our difficulties in … 「…の難しさ」
  He found no difficulty in solving the problem.
  「彼はなんの造作もなくその問題を解いた」
- sensitive to … 「…に敏感な」
- aesthetic impressions in general 「一般的な美的印象」
- this assumption = This identification of art and beauty.
- acts like an unconscious prosecutor 「無意識の検察官のように振る舞う」
- when art is not beauty は in particular cases に掛かる。

【訳】

　この芸術と美の同一視は芸術鑑賞における我々のあらゆる困難の根底に横たわっているものである。そして一般的な美的印象に鋭敏な人たちにあってすら、この思い込みは、芸術が美でないような特別の場合には、無意識に検察官のごとく作用する。

83

(4)　For art is not necessarily beauty: that cannot be said too often or too blatantly. Whether we look at the problem historically (considering what art has been in the past ages) or sociologically (considering what art is in its present-day manifestations all over the world) we find that art often has been or often is a thing of no beauty.

【語句・構文解説】

● not necessarily 部分否定であることに注意。

Learned men are not necessarily wise.

「学者は必ずしも賢明とは限らない」

● cannot … too 「いくら…してもし過ぎることはない」

You cannot work too hard.

「勉強はいくらしてもし過ぎることはない」

● blatantly = noisily, clamorously 「やかましく」

● Whether A or B 「AであろうとBであろうと」

本文では A = historically　B = sociologically。

● considering は分詞構文として働き when we consider。

● often has been or often is 　の現在完了形と現在形の二つの時制の用法に注意。

I was, am, and will be your servent.

「私は、昔も今もこれからもあなたの召使いです」

【訳】

　なぜなら、芸術は必ずしも美ではないからである。このことはどれほどしばしば、またかしましく言っても言い過ぎることはない。我々がこの問題を歴史的に（すなわち、芸術が過去の時代にどういうものであったかを考察しつつ）眺めようとも、あるいは社会学的に（すなわち、全世界において現今芸術が実際にいかなる現れ方をしているか考察しつつ）眺めようとも、芸術はこれまでしばしばなんら美的なものでなかったし、あるいは現にしばしばなんら美的なものでないことがわかる。

全 訳

　芸術についてもっている我々の誤った観念の大半は、芸術および美という言葉の用法に首尾一貫性を欠いていることに由来するものである。我々はこれらの言葉の誤用にかけてのみ一貫していると言えもしよう。美しいものはすべて芸術であり、あらゆる芸術は美しいものであり、美しくないものは芸術ではなく、醜いものは芸術の否定であると、いつも我々は思い込んでいる。この芸術と美の同一視は芸術鑑賞における我々のあらゆる困難の根底に横たわっているものである。そして一般的な美的印象に鋭敏な人たちにあってすら、この思い込みは、芸術が美でないような特別の場合には、無意識に検察官のごとく作用する。なぜなら芸術は必ずしも美ではないからである。このことはどれほどしばしば、またかしましく言っても言い過ぎることはない。我々がこの問題を歴史的に（すなわち、芸術が過去の時代にどういうものであったかを考察しつつ）眺めようとも、あるいは社会学的に（すなわち、全世界において現今芸術が実際にいかなる現れ方をしているか考察しつつ）眺めようとも、芸術はこれまでしばしばなんら美的なものでなかったし、あるいは現にしばしばなんら美的なものでないことがわかる。

解 説

　Sir Herbert Read（1893〜1968）のThe Meaning of Artが出典です。

　リードはイギリスの詩人、美術評論家、文芸評論家で多くの著作を残していますが、日本でもかなり翻訳されています。このThe Meaning of Artも『芸術の意味』という題名で出版されており、大学の図書館に行けば簡単に手に入るでしょう。

　キーツにBeauty is truth, truth, beauty.「美は真、真は美」という言葉があります。私たちは子供の頃からなんとなく、芸術・美術は美しいものだと教えられたのか、思い込んでいるようですが、本文においてリードは「歴史的に見ても社会的に見ても、芸術は必ずしも美的でなかったし、現に何ら美的でないこともある」と述べています。果たしてどちらが正しいのか少し考えてみましょう。

85

美術館に展示されている作品は芸術品であり美しいものと思われていますが、たとえば誰でも知っているピカソの『ゲルニカ』を思い出してみてください。世界的な傑作という評価はありますが果たして美しい絵でしょうか。1901年、21歳のときにパリで初の個展を開催した「青の時代」の軽業師・売春婦・乞食を描いた作品は理解しやすいものですし、モンマルトルの丘にあった「洗濯船」とマックス・ジャコブが名づけたアトリエ兼住宅で若い恋人を得て、明るい色調でサーカスの芸人を描いた「薔薇色の時代」までは誰にでもピカソの作品は楽しめますが、キュビスムの端緒となる『アヴィニョンの娘たち』あたりから、美術を多く鑑賞していない人には理解が困難になってきます。ピカソは正式な妻以外にも多くの愛人を作っており、その大半は精神を病んだり自殺しております。ゲーテは生涯に多くの恋をしており、1821年に17歳の少女に熱烈な恋をし、求婚までしております。この60歳も年下の少女ウルリーケ・フォン・レヴェツォーへの失恋から「マリーエンバート悲歌」が生まれています。多くの子供が生まれていますが、大半は夭折しており、ひとり息子のアウグストにも先立たれています。ゲーテは5人兄弟ですが生き延びたのはすぐ下の妹だけで、他は夭折しています。本物の天才の周囲はそれこそ死屍累々というのが実情です。凡人は天才には近づかないほうが身のためです。天才と狂人との差は遺伝子のわずかな違いによるようです。ピアニスト中村紘子の『ピアニストという蛮族がいる』を読むと、ホロビッツのような天才の周囲には犠牲者が山をなしています。ロダンの弟子にカミーユ・クローデル（弟は外交官・詩人・劇作家のポール・クローデル。彼は1921年～1927年の間は駐日フランス大使で、当時の日本の仏文学者や作家に大きな影響を及ぼしています）がいます。彼女は若くして卓越した技術と才能を発揮しており、また類まれな美貌の持ち主で、ロダンの弟子になったのは19歳で、時にロダンは42歳でした。20歳の頃の写真を見ると、聡明さと情熱を秘めた美しさに陶然となります。次第にふたりは愛し合うようになりましたが、ロダンには内妻ローズがおり、三角関係は15年にもわたります。カミーユはロダンの子を宿し中絶もしております。カミーユは徐々に精神を病み、40代には発狂し78歳で亡くなるまで精神病院に入っておりました。ところでピカソは天才といわれていますが諸君のなかで、そのとおりだと賛成できる人が何人いるでしょう。ピ

カソを天才と心から思えたのは私の場合は40歳を過ぎてからでした。目や鼻が
ばらばらになって付いている絵やキュービスム時代のブラックの絵とほとんど区
別のつかない絵も美的とは言い難いでしょう。エコール・ド・パリの一人でモジ
リアニの友人だったスーティンの絵は『牛の解体図』など、どれも醜悪と言って
いいほどのものです。出光美術館が多く所蔵しているジョルジュ・ルオーのキリ
ストの絵はどれも黒の絵の具を分厚く塗りこんだもので、とても美的とは言い
難いものですが、その精神性の高さゆえに見る者に深い感動を与える傑作です。
30代半ばで画家を志し、妻子を捨てパリで飢え死に寸前までになり、文明を嫌
い最後はタヒチまで行った、サマセット・モームの『月と六ペンス』のモデルで
あるゴーギャンは従来の画法を否定し、原色で平塗りをし遠近法を無視したあの
数々の絵も美的とは言い難いが、それでも絵画に革命を起こした傑作群でありま
す。近代絵画の父といわれているセザンヌも、彼が生きている当時は評価されま
せんでした。岸田劉生の『麗子肖像』もよく見るとどこか不気味な雰囲気があり
ます。ニューヨーク・ダダの中心人物であったマルセル・デュシャンに至っては、
展覧会に事もあろうに男性用の小便器をそのまま展示して『泉』としました。

　バレエの『白鳥の湖』は確かに美しいでしょうが、私が学生の頃暗黒舞踏とい
うのが生まれており、なかでも土方巽の舞踏のグロテスクなことといったら、肉
体がここまで変容するのかと、息を飲んで見たもので、確かにここに肉体があり
濃密な時間が流れていることだけは確かであり、今まさに天才の演技を観ている
と感動したもので、公演の際に三島由紀夫や澁澤龍彦の姿を見かけた記憶があり
ます。その頃アングラ劇団が生まれ唐十郎の「状況劇場」、寺山修司の「天井桟
敷」の芝居は伝統的な「民芸」や「文学座」とはまったく異質で、美しい舞台と
は言い難いものながら、確かに一つの芸術でした。極めつきはノーベル文学賞を
受賞した不条理劇作家サミュエル・ベケットの『ゴドーを待ちながら』でしょう。
場面は木が1本立つ田舎の一本道の夕方、登場人物はルンペン風のウラジミール
とエストラゴンのふたりだけ。

　第1幕…「昨日はとうとうゴドーは来なかったなあ」「今日は来るのじゃない
かな」「来ないと困るのだが」「きっと来るさ」「来るかなあ」「いまごろ何をして
いるのかなあ」といったような会話が延々と続きますが話は一向に進展せず、ま

たゴドーとは何者なのかも語られず、何も起こらずに第1幕は終わります。

第2幕…第1幕の翌日の同じ場面の同じ時刻で同じ二人の登場人物「やはり昨日はゴドーは来なかったなあ」「そうだな」「今夜は来るさ」「そうかなあ」と第1幕と同じような会話が続き、そして最後に子供が出てきて「今日はゴドーは来ないって」で終わります。パリで初演されたときはほとんどが酷評でした、なにしろ何も事件は起こらないのですから。しかしなかにはこれこそが芝居だと激賞した人がいました。つまり、我々の人生は小説や芝居によくあるような波瀾万丈の連続などでなく、ごく平凡な日々が過ぎてゆくだけなのだ、普通の芝居こそ嘘っぱちなのだというのです。つまり、このサミュエル・ベケットの『ゴドーを待ちながら』こそ本当の人生なのだというのです。私が日本で上演されたこの『ゴドーを待ちながら』を観たとき森鷗外の晩年の史伝『渋江抽斎』を思い出しました。というのは、子供の頃それこそ夢中になって読んだ、アレキサンドル・デュマの『三銃士』は、恋あり、決闘あり、陰謀あり、裏切りあり、友情ありの波瀾に次ぐ波瀾ですが、それと違い鷗外の『渋江抽斎』は渋江抽斎という江戸時代末期の医師・考証家・書誌学者の足跡を、鷗外が訪ねるという構成になっているのですが、その抽斎の生涯はごく穏やかなもので、これといった事件が起こるわけではないのです。この『渋江抽斎』を含む鷗外の史伝三部作（『渋江抽斎』『伊澤蘭軒』『北条霞亭』）を最初に高く評価したのは、私の知る限りでは石川淳です。

音楽ではなんといってもジョン・ケージの『4分33秒』でしょう。ピアニストが舞台に登場し聴衆にお辞儀をしてピアノの前に座りますが演奏しないのです。4分33秒後、何の演奏もしないで立ち上がり、聴衆にお辞儀して舞台を去ります。ただこれだけなのです。酷いといえばこれほど聴衆を馬鹿にしたものはないかもしれませんが、逆に考えると、この4分33秒の間に聴衆は普段は気にも止めていない音を聞いているかもしれないのです。これも立派な芸術なのです。ついでに言いますと、数年前の東大の美学科の大学院の入試試験の論述問題は「ジョン・ケージの『4分33秒』を論じよ」でした。

リードの「歴史的に見ても社会的に見ても、芸術は必ずしも美的でなかったし、現になんら美的でないこともある」と述べていることに少しは頷けるかもしれませんね。

〈No.12〉

政治家という職業

(1) It is this uncertainty, with its various consequences, that makes politics the most hazardous of all manly professions. (2) If there is not another in which a man can do so much good to his fellow-creatures, neither is there any in which, by a cowardly act or by a mere loss of nerve, he may do such widespread harm. (3) Nor is there another in which he may so easily lose his own soul. But danger is the inseparable companion of honour. The greatest deeds in history were not done by people who thought of safety first. (4) It is possible to be too much concerned even with one's own salvation. There will not be much hope left for humanity when men are no longer willing to risk their immortal as well as their mortal parts. (5) With all the temptation, dangers and degradations that beset it politics is still, I think, the noblest career that any man can choose.

文章読解

(1)　It is this uncertainty, with its various consequences, that makes politics the most hazardous of all manly professions.

【語句・構文解説】

●It is 〜 that の強調構文であることは、見抜けていただろう。焦点(〜)の位置に来て強調されるのは、(代)名詞と副詞語句だ。

It is his parents that are anxious to send him a good school.

「彼をいい学校に入れたいと思っているのは、彼の両親です」

したがって、本文を平叙文にすると、

This uncertainty(S)… makes(V) politics(O) the most hazardous(C)

…となる第5文型の文。この主語 This uncertainty が強調されて It is this uncertainty, …, that makes…となっている。

●uncertainty は抽象名詞で「不確実、不安定」なので、この文はいわゆる、無生物主語構文になっているので訳に工夫が必要になる。

　ご存じのように、日本語は本来、無生物を主語にはせず、人間または生物を主語にするのだが、英語では無生物を主語とする構文はよくある。訳し方は、無生物主語は意味の上では副詞または副詞節の働きをしているのは明らかで、時・条件・原因・理由とし、目的語を主語のごとくに訳出する。本文では理由である。

The bad weather prevented us from leaving. (= We could not leave, because of the bad weather.)

「悪天候のために、我々は出発できなかった」

Her beauty blinded him to her faults.

「彼女の美しさゆえに、彼には彼女の欠点が目に入らなかった」

●hazardous 「dangerous、危険な」

●manly 「男性的な、男らしい」

【訳】

　この不安定と、それに伴うさまざまな結果のために、まさに政治は、すべての男性的な職業のなかで、もっとも危険な職業となっているのである。

(2)　If there is not another in which a man can do so much good to his fellow-creatures, neither is there any in which, by a cowardly act or by a mere loss of nerve, he may do such widespread harm.

【語句・構文解説】

● 省略の多い文章で、前半を補って書けば、

If there is not another (profession) in which a man can do so much good to his fellow-creatures (as in this profession),

● If は仮定ではなく、対比を表して「…であるが、…としても（whereas）」

If he was not industrious in his youth, he now works very hard.

「彼は若い頃は勤勉でなかったが、今はとてもよく働く」

● do good ≠ do harm

Do you think it will do any good ?

「それが少しでも役に立つと思いますか」

It does more harm than good.

「それは役に立つよりも害になる」

● I have never been so happy (as now).

「これほど幸せなことはなかった」

● 後半の文章は前半の文章と同じ構造だが、前半と同様に補って書けば、

neither is there any (profession) in which,　…, he may do such widespread harm (as in this profession).

● neither is there　否定の neither があるので倒置されている。

If you cannot go, neither can I.

「君が行けなければ、私も行けない」

● cowardly　「臆病な、卑怯な」

● nerve　「勇気、気力」

● I never got such bad headaches (as I do now).

「こんなひどい頭痛を味わったことはない」

【訳】

　人間が己の同胞に対して、これほど多くの利益を与えうる職業はほかにないのであるが、また卑劣な行為により、いやちょっと勇気を失っただけで、

これほど広範囲に及ぶ危害を与えるかもしれない職業もないのである。

(3) Nor is there another in which he may so easily lose his own soul. But danger is the inseparable companion of honour. The greatest deeds in history were not done by people who thought of safety first.

【語句・構文解説】

● Nor is there は前出の neither is there と同じ倒置。

She has no experience in typing, nor does the skill interest her.
「彼女はタイプの経験もないし、そういう技術に興味もない」

● lose his own soul 「堕落する」

soul は宗教的な意味における「魂、霊魂」。

【訳】

またこれほど人間が容易に堕落するかもしれない職業もほかにない。しかし危険というものは栄誉と切り離せない伴侶である。歴史に残るもっとも偉大な行為が、真っ先に安全を考える人々によって行われた例はなかったのである。

(4) It is possible to be too much concerned even with one's own salvation. There will not be much hope left for humanity when men are no longer willing to risk their immortal as well as their mortal parts.

【語句・構文解説】

● It is possible to be too much concerned even with one's own salvation. は典型的な it … to 構文。

● too much 「あまりに…だ」という、良くない意味合いがある。

You spend too much money.
「お金を使い過ぎる」

92

●be concerned with は、ここでは「気にかける、念願する」。

●salvation 「救済、救い」

　one's own salvation は「自分自身が救われること」と受け身の意味になる。抽象名詞は時に受け身のように訳すことがある。

　Oil lamps are still in general use there.

　「あそこでは、未だに石油ランプが一般的に使われている」

●There will not be much hope left for humanity

　There is (are) を存在構文といい、相手にとって新情報となる人や物の存在を知らせる文である。相手にとって既知であることを示す定冠詞その他で限定された名詞とか、固有名詞が続くことはない。したがって、There is the book on the table. が誤りとなるのも、the book が相手にとって既知の本とみられるから。

　ところで、本文は主語のあとに分詞がきている場合である、書き換えると Much hope will not be left for humanity となる。

　There is little wine left in the bottle. → Little wine is left in the bottle.

　「瓶に葡萄酒はほとんど残っていない」

●no longer 「もはや …でない」

　A visit to the moon is no longer a dream.

　「月への旅行はもはや夢ではない」

●be willing to do = be ready to do 「進んで（喜んで）…する」

　I am quite willing to do anything for you.

　「あなたのためなら、何でもいとわずいたします」

●A as well as B「Bはもちろんも」Aのほうに意味の重点がある。

　He has experience as well as knowledge.

　「彼は知識ばかりでなく経験もある」

【訳】

　自分自身が救われることをあまりにも念願するにも、おのずから限度がある。人間が自分の肉体はおろか、自分の魂さえも進んで危険にさらすことがなくなるとき、人類には大きな希望は残されていないであろう。

93

(5)　With all the temptation, dangers and degradations that beset it politics is still, I think, the noblest career that any man can choose.

【語句・構文解説】

● With all = for all、in spite of、despite 「…にもかかわらず」

With all her merits, she was not proud.

「あれほどの美点がありながら、彼女は誇らなかった」

● degradation 「堕落」

● beset 「つきまとう」

● that beset it の it は直後の politics。

英語では主節に名詞がきて、従属節・句に代名詞がくることが多い。たとえ従属節・句が前にきても。

Though he is rich, Tom is stingy.

「トムは金持ちだが、けちだ」

【訳】

　政治には誘惑や危険や堕落がつきまとっているのにもかかわらず、政治とは、およそ人間の選択できる職業の中でもっとも崇高な職業であると、私は思っている。

全　訳

　この不安定と、それに伴うさまざまな結果のために、まさに政治は、すべての男性的な職業の中で、もっとも危険な職業となっているのである。人間が己の同胞に対して、これほど多くの利益を与えうる職業はほかにないのであるが、また卑劣な行為により、いやちょっと勇気を失っただけで、これほど広範囲に及ぶ危害を与えるかもしれない職業もないのである。またこれほど人間が容易に堕落するかもしれない職業もほかにない。しかし危険というものは栄誉と切り離せない伴侶である。歴史に残るもっとも偉大な行為が、真っ先に安全を考える人々によって行わ

れた例はなかったのである。自分自身が救われることをあまりにも念願するにも、おのずから限度がある。人間が自分の肉体はおろか、自分の魂さえも進んで危険にさらすことがなくなるとき、人類には大きな希望は残されていないであろう。政治には誘惑や危険や堕落がつきまとっているのにもかかわらず、政治とは、およそ人間の選択できる職業の中でもっとも崇高な職業であると、私は思っている。

解 説

　遠くは、ソフィストやプラトンが『国家』の中で述べている「哲人政治」そして、アリストテレスが『政治学』で提唱している「共和制」から、ワイマール公国の宰相であったゲーテ、近くはド・ゴールを支えて文化省長官になった作家アンドレ・マルロー。東洋では、はるか春秋戦国時代の諸子百家、とくに孔子およびその流れを汲む儒家、そして、墨家、法家、雑家、農家、兵家、名家、陰陽家などの昔から、政治は男子一生の仕事としてもっとも尊重されてきた職業であります。中国では科挙にみられるように文人が政治にかかわってきました。日本では聖徳太子をはじめ菅原道真、正徳の治を間部詮房と共に断行した江戸時代最大の知識人、新井白石などの名前が出てきます。前にも書いたように白石の『折たく柴の記』は自伝文学の白眉ですので、暇になったら読んでみてください。

　歴史に「もし」は禁句ですが、太平洋戦争も終わりの頃、日本の敗戦が明白になっていたとき、国体擁護を唱えていた軍部とくに陸軍を抑える勇気のある政治家がいたら、10万人を超える死者を出した東京大空襲や島民の4人に1人が戦死した沖縄戦、そして広島、長崎の原爆投下は避けられたでしょう。諸君の中に政治家を目指している人がいたらマックス・ヴェーバーの『職業としての政治』は必読の書です。

　「歴史観の相違」などと詭弁を弄する政治家がいますが、第二次世界大戦で日本が中国・朝鮮・東南アジアに対して行った戦争は明らかに侵略戦争であり虐殺でした。南京虐殺の正確な人数はわかりませんが戦争犯罪です。三島由紀夫の最期の言葉のように、自衛隊は違憲です。『大日本帝国憲法』を冷静に読めば、昭

和天皇には戦争責任があります。他方、東京大空襲、広島・長崎の原爆投下はアメリカの戦争犯罪です。また今日、中国がチベットに対して行っている行為は侵略戦争です。「朝鮮・中国に対して、いったいいつまで謝り続けなければならないのか」という声をよく耳にしますが、戦後のドイツのように心からの謝罪がなされていないからです。そうしたうえで、アメリカの東京大空襲、広島・長崎の原爆投下に対して正式に抗議し、中国のチベットに対する侵略に抗議を唱えるべきです。

『山月記』は高校の国語の教科書にたいてい載っているので、諸君も中島敦の名前ぐらいは知っているでしょう。彼に『弟子』という小説があります。孔子の弟子のうちで最年長の子路が主人公になっていますが、『山月記』でもわかるように格調の高い文章で、この『弟子』を読むとどうしても『論語』『孔子家語』が読みたくなってしまいます。私は『論語』は３回読んでいます。儒家の本を読んでいると、批判者として現れる老荘家の本が読みたくなります。『老子』は難しくて挫折しましたが、『荘子』は寓話に富んでいるので面白く読めました。中島敦は中退しましたが東京帝国大学大学院の研究テーマは「森鷗外の研究」で、敦の文体は確かに鷗外を継ぐ益荒男のそれです。中島敦の最高傑作は誰もが認めるように『李陵』です。これを読むと今度は司馬遷の『史記』が読みたくなってきてしまいます。高校生の頃でしたので、まだ『史記』を読むだけの漢文の力はなかったのですが、「本紀」「世家」「表」「列伝」全130巻、52万6500字を読んだのは40歳を過ぎた３年がかりのことでした。しかしこの膨大な書物を読むには案内者がいります、私の場合は武田泰淳の『司馬遷――史記の世界』でした。この本は昭和18年武田泰淳が31歳のときの評論です。今の若い諸君には武田泰淳を知っている人は少ないでしょうが、『ひかりごけ』『森と湖のまつり』『秋風秋雨人を愁殺す』『富士』などの優れた作品を残している良心的な作家です。三島由紀夫の葬儀の際、葬儀委員長は川端康成で、読経したのは僧籍のある武田泰淳でした。

なにしろ、私は中島敦を偏愛しておりまして、全作品はおろか残されている手帳、手紙、断片、卒業論文、翻訳まですべて読んでいますし、パソコンがなかった時代に大学の図書館の司書に助けてもらい中島敦関係の研究書、文献を探してもらって入手できる限りのものはすべて読みました。多摩霊園の墓にも行きましたし、敦が奉職していた横浜市中区の私立横浜女子高等学校の跡地で今は幼稚園

になっている所にある文学碑（『山月記』冒頭の「隴西の李徴は博學才頴、天宝の末年、若くして名を虎榜に連ね、ついで江南尉に補せられたが、性、狷介、自ら恃む所頗る厚く、賤吏に甘んずるを潔しとしなかった。」が彫られている）も見に行きましたし、中華街にある敦が短歌にまで読んでいる「聘珍楼」で食事もしましたし、元町にある敦通いつけの喫茶店「喜久屋」でお茶も飲みました。敦は、「どうして他人は忘れるのかが理解できない」というほどの記憶力の持ち主であり、中学４年で全国の秀才中の秀才が目指す難関であった第一高等学校に３番で合格しております。今でいうと高校２年で東大に３番で合格したようなものです。入学後の成績も、１学期、２学期ともに１番でした。私の趣味が将棋であることは、前に書きましたが、敦は宿痾の喘息で眠れない夜には、幕末の天才棋士天野宗歩の棋譜を並べていた、などということを伝記で読むとなんだか嬉しくなります。大学時代には一時麻雀に凝り芝の桜田本郷町の麻雀荘から、やがては銀座にまで足を延ばすようになり、そこで働いていた橋本タカと知り合い結婚することになります。自由ケ丘で生まれ育った私の生家は鰻の寝床のような家で小さな部屋が多くあり、私が幼稚園・小学校に通っていた時分には賄い付きの下宿のようなものをしていました。日吉のキャンパスに近いせいで慶応大学の学生が３、４人いつも居ました。よく麻雀をしていましたが、たまに人数が足りないと私を仲間に入れたので、小学校低学年でかなりの打ち手になっていました。好きになると、こんな共通点も嬉しくなってしまいます。「何かこの世のものならぬ美しい才能が、流星のように稀有の光芒を放って燃えて消えた、という気が強くする。青白くシャープな超現実的な光。表現形式としての詩作品というのではなく、この宇宙と人間精神の純粋結晶としての"詩魂"の、稀なる顕現。」と日野啓三は絶賛しています。太宰治と同年の明治42年生まれですが、宿痾の喘息発作で昭和17年に33歳で亡くなっています。調べてみると中島敦を愛好している人たちは意外と多くいます。何はともあれ、中原中也・宮沢賢治と並ぶ別格な作家です。

〈No.13〉

有名人

(1) I have always wondered at the passion many people have to meet the celebrated. The prestige you acquire by being able to tell your friends that you know famous men proves only that you are yourself of small account. (2) The celebrated develop a technique to deal with the persons they come across. They show the world a mask, often an impressive one, but take care to conceal their real selves. (3) They play the part that is expected from them and with practice learn to play it very well, but you are stupid if you think that this public performance of theirs corresponds with the man within. (4) I have been attached, deeply attached, to a few people; but I have been interested in men in general not for their own sake, but for the sake of my work. (5) I have not, as Kant enjoined, regarded each man as an end in himself, but as material that might be useful to me as a writer. I have been more concerned with the obscure than with the famous. (6) They are more often themselves. They have no need to create a figure to protect themselves from the world or to impress it.

文章読解

(1) I have always wondered at the passion many people have to meet the celebrated. The prestige you acquire by being able to tell your friends that you know famous men proves only that you are yourself of small account.

【語句・構文解説】

● the passion many people have to meet the celebrated

have to = must と読んではいけない。

the passion (which) many people have

「多くの人がもっている熱心さ」

と目的格の関係代名詞 which を補うこと。

to meet the celebrated は不定詞の形容詞的用法で the passion を修飾。

● the celebrated 後の出てくる the famous と同じ働きをする。

The+形容詞・分詞には二つの用法がある。

① 人々　the famous「有名人たち」the wounded「負傷者たち」

The rich are not always happy.

「金持ちは必ずしも幸せではない」

② 抽象名詞　Philosophers are concerned with the true, the good, and the beautiful.「哲学者は真・善・美を問題にしている」

The old and the very new exist side by side in Japan.

「日本では古い面と非常に新しい面が共存している」

● prestige 「威信、名声、箔」

● The prestige (which) you acquire 目的格の関係代名詞 which の省略。

● of small account=of little importance「つまらない、大したことのない」

【訳】

　私はかねがね、多くの人が有名人に会いたがる熱心さに驚いている。自分が有名人を知っていると友人に話せるということで自分に箔をつけるのは、

自分自身が大した人物でないことを証明するのみである。

(2) The celebrated develop a technique to deal with the persons they come across. They show the world a mask, often an impressive one, but take care to conceal their real selves.

【語句・構文解説】
●to deal with も前出の不定詞の形容詞的用法でtechnique を修飾。
●deal with（問題・人を）「取り扱う、処理する、あしらう」
　deal in（商品を）「商う、扱う」
　The merchant deals in wool.
　「その商人は羊毛を商っている」
●come across には7、8個の意味があるが、この箇所は「…にふと出くわす」
　I came across a very interesting book at that bookshop.
　「あの書店でとても面白い本を見つけた」
●the world は、文脈より「世界」ではなく「世間、世の中」。
●one = mask
●take care 「注意する、用心する」
【訳】
　有名人は出会う人を取り扱う術を身につけている。彼らは世間に仮面を、しばしば強い印象を与える仮面を見せるが、真の自己は極力隠そうと用心する。

(3) They play the part that is expected from them and with practice learn to play it very well, but you are stupid if you think that this public performance of theirs corresponds with the man within.

【語句・構文解説】
●play the part 「役割を演じる」

100

●with practice 「習練によって、練習によって」が辞書に載っている意味
だが、これだと、come acrossとうまく釣り合わず、文脈から考えると
「場数を踏んでいるので」と訳すべき。
●learn to do 「…ができるようになる」
努力してできるような場合。
He learned to swim. 「彼は泳げるようになった」
I came to know him. 「彼と知り合いになった」
努力しないで自然になった場合。
●corresponds with… 「…と一致する」
●the man within 「その人そのもの」
【訳】
　彼らは自分が期待されている役割を演じ、また場数を踏んでいるのでそれ
をすこぶる巧みに演じるようになっている。しかし、彼らのこの人前での演
技がその人そのものだと思うなら、それは間抜けである。

(4)　I have been attached, deeply attached, to a few people; but I have
been interested in men in general not for their own sake, but for the
sake of my work.

【語句・構文解説】
●be attached to… 「…を慕っている、…に愛情を抱いている」
　He is deeply attached to his mother.
　「彼は母に深い愛情を感じている」
●men in general 「一般の人間」
●not …, butの構文
●for their own sake 「その人のため」
　art for art's sake「芸術のための芸術、芸術至上主義」
【訳】
　私は数人の人に愛着を感じてきた、それも深い愛着を。しかし、私が一般

101

の人間に興味をもったのはその人々のためでなく、自分の仕事のためであった。

(5) I have not, as Kant enjoined, regarded each man as an end in himself, but as material that might be useful to me as a writer. I have been more concerned with the obscure than with the famous.

【語句・構文解説】

● この文章も not…, but の構文。

● as Kant enjoined 「カントが規定したように」

カントの『実践理性批判』に以下のような文章がある。

「およそ目的の秩序においては、人間は、目的自体であるということ。」

● regarded A as B 「AをBとみなす」

● end 「目的」

● be concerned with… 「…に関心をもつ」

He is concerned with history.

「彼は歴史に関心をもっている」

● the obscure ≠ the famous 「無名な人々」

【訳】

　私は各人を、カントが規定したようにその人自体を目的とはみなさず、作家としての私に役立ちそうな素材として見てきた。私は有名人よりも無名な人に、より関心をもっている。

(6) They are more often themselves. They have no need to create a figure to protect themselves from the world or to impress it.

【語句・構文解説】

● They = the obscure

【訳】

　そういった人たちのほうがよりありのままの自分を見せてくれる。彼らは

世間から身を守るために、あるいは世間に感銘を与えるために仮の姿をつくる必要がない。

全　訳

　私はかねがね、多くの人が有名人に会いたがる熱心さに驚いている。自分が有名人を知っていると友人に話せるということで自分に箔をつけるのは、自分自身が大した人物でないことを証明するのみである。有名人は出会う人を取り扱う術を身につけている。彼らは世間に仮面を、しばしば強い印象を与える仮面を見せるが、真の自己は極力隠そうと用心する。彼らは自分が期待されている役割を演じ、また場数を踏んでいるのでそれをすこぶる巧みに演じるようになっている。しかし、彼らのこの人前での演技がその人そのものだと思うなら、それは間抜けである。

　私は数人の人に愛着を感じてきた、それも深い愛着を。しかし、私が一般の人間に興味をもったのはその人々のためでなく、自分の仕事のためであった。私は各人を、カントが規定したようにその人自体を目的とはみなさず、作家としての私に役立ちそうな素材として見てきた。私は有名人よりも無名な人に、より関心をもっている。そういった人たちのほうがよりありのままの自分を見せてくれる。彼らは世間から身を守るために、あるいは世間に感銘を与えるために仮の姿をつくる必要がない。

解　説

　William Somerset Maugham（1874 〜 1965）の The Summing Up が出典です。モームは劇作家として出発し長編『人間の絆』『月と六ペンス』で文名が確立しました。また『雨』を代表とする一連の南海物や『コスモポリタンズ』などの短編ではストーリーテラーの才能を発揮しています。

世の中には有名人病というか追っ掛けといわれている人がいますが、どうして彼らは軽薄に映るのでしょう、少し考えてみる必要があります。そういう人の心理には有名人は偉いものである、という気持ちが抜きがたくあります（芸能人というかタレントと呼ばれている人のいったいどこが偉いのでしょう）。そしてその有名人を知っている自分は知らない人より、有名人に近い、つまり他の人より偉いのだと思い込んでいるわけで、いわば虎の威を借りた狐といったところです。ブランド物を買い漁っている人と同じ心理ですね。たとえ有名人を知っていても、問題なのはその人自身の人格というか才能・魅力でしょう。したがって、モームが述べているように「自分が有名人を知っていると友人に話せるということで自分に箔をつけるのは」とりもなおさず、自分がつまらない魅力のない人間であることを、公言していることと同じなのです。「叔父さんは某会社の社長であるとか、祖先は名家だった」などとは口が裂けても言わないことです。

　ところで、自分の名前をつけた会館を各地に造るわ、世界的に著名な学者や各国の大学の学長と対談してその対談集を出版するわ、どのような手段を用いたかは知りませんが、世界の大学200以上から名誉教授・名誉博士の称号を授与され、そのたびごとに賞状を手にしガウンをまとい、帽子を被り、宗教者としてはあまり似つかわしくない脂ぎった顔に満面の笑みを浮かべた写真を電車の吊り広告に出している創価学会の名誉会長である池田大作を、モームだったらどう言うか聞いてみたい気持ちになります。

　ミャンマー（正しくはビルマ）の民主化運動の指導者で、軍部による20年以上にわたる迫害・自宅軟禁に対しても決して屈することなく、いつも静かな微笑みを密かにたたえているアウン・サン・スー・チー氏をテレビなり新聞なりで見ると、彼女の極めて高い精神性が顔にまざまざと現れているのに感動を覚えます。精神の気高さが顔にまで滲み出るという、時として出現する例だと思います。(注：これは7年前に書いた文章です。最近の彼女はロヒンギャ問題などのせいか、表情が険しくなり、かつてほどの魅力は感じません)。諸君は知らないでしょうが、シモーヌ・ヴェイユ（兄は20世紀を代表する数学者の一人アンドレ・ヴェイユ）という人も若くして亡くなっていますが、スー・チー氏以上に高貴な顔をしておりますあと、若い頃はただ美人で可愛いだけだった美智子皇后が良い顔になってきています。

共産主義について私は批判的な立場をとっています。その理由について説明するには2、30ページは最低でも必要なので割愛します（アンドレ・ジイドの『ソヴィエト紀行』、ジョージ・オーウェルの『動物農場』、林達夫の論文「共産主義的人間」を読んだことや、ポーランド反ソ暴動、ハンガリー事件、チェコ事件などが関係しています）。スターリンをはじめとするソヴィエト連邦の指導者たちや歴代の中国共産党指導者たちの顔のなんと醜いことでしょう、ほとんど正視に耐えられません。しかし、何事にも例外はありまして、周恩来だけは別格で、掃き溜めの鶴とでもいうか傑出した立派な顔をしています。アウン・サン・スー・チー氏、シモーヌ・ヴェイユ、美智子皇后、周恩来などと比べると池田大作などは、そもそも比較の対象にすらなりません。私の乏しい経験からすると、池田大作の顔はうまい物を鱈腹食べ、運動はせず、女道楽に耽（ふけ）り、精神的には内容のない典型的な顔で、オウム真理教の麻原彰晃と同類です。幸福の科学の大川隆法総裁とかいう者が偽者・インチキ以外の何者でもないことは明白で、大川隆法などという名前を書くだけで私の心は汚れてしまいます。ただ断っておきますが私は宗教を否定はしません。親鸞に師事した唯円の『歎異抄』は少なくとも10回以上は読んでおり、その度に親鸞の己の中にある悪を直視する態度には深い感銘を覚えます。『新約聖書』の「マタイ、マルコ、ルカ、ヨハネ」の四大福音書を読むと、キリストの前で頭を下げたい気持ちにいつもなります。2年前に亡くなった畏友、阿蘇敏文はプロテスタントの牧師でした。私にはできませんが、心に病をもっている人を含め、あらゆる人をそれこそ無条件に受け入れた彼の態度にはいつも心を動かされました。しかし、幸か不幸か私はいかなる信仰ももっていません。池田大作、麻原彰晃、大川隆法についての私の考えは間違っているかもしれません。そうなら、私の人生観なり、人を見る目が劣っていただけのことであり、誰のせいでもなく、ただ私の人生が間違っていたと自分を責めればよいだけのことです。

⟨No.14⟩

少数意見について

(1) "If all mankind minus one," cried Mill, "were of one opinion, and only one person were of the contrary opinion, mankind would be no more justified in silencing that one person, than he, if he had the power, would be jusutified in silencing mankind."

(2) Not that the solitary eccentric is always or, probably, often in the right; but if he is in the wrong the upholders of the current opinion lose, if they silence him, what is very valuable, namely the clearer perception and livelier impression of truth produced by its collision with error; (3) while if the solitary thinker is in the right, by silencing him mankind has lost the opportunity of enjoying the inestimable benefit of exchanging error for a nearer approach to truth. (4) Men and women learn by discussion and argument. If argument is silenced, not only may error flourish unrestrained, but truth itself is held in a feebler and less vital manner.

文章読解

(1)　"If all mankind minus one," cried Mill, "were of one opinion, and only one person were of the contrary opinion, mankind would be no more justified in silencing that one person, than he, if he had the power, would be jusutified in silencing mankind."

【語句・構文解説】

● cried Mill は引用文を導く主節 Mill cried が引用されている文のなかに挿入された形で、このような場合、倒置がしばしば起きる。この文全体の構造は Mill が主語 cried が動詞で、引用文全体が目的語の S+V+O という典型的な第3文型。引用文はあとで解説するが、ミルの『自由論』のなかでも有名な一節なので、だからこの cried は「泣いた、強く叫んだ」ではなく、「力説している」。

● 引用文の If all mankind minus one, were of one opinion, and only one person were of the contrary opinion, mankind would be no more justified in silencing that one person, than he, if he had the power, would be jusutified in silencing mankind. は一見複雑な文に見えるが if に導かれる従属節を省略すれば、

mankind would be no more justified in silencing that one person, than he would be jusutified in silencing mankind. という典型的な no more … than の構文。

いまさら鯨の構文例を引用するのも恥ずかしいのでほかの文を引くと、

I can no more swim than a hammer can.

「金槌が泳げないと同様に私は泳げない」

Man can live no more without air than a fish can (live) without water.

「魚が水なしで生きられないと同様、人間は空気なしでは生きられない」

この構文は常に than 以下の内容が（形は肯定でも）事実でないという前提のもとに使われる。前文では「金槌が泳げないことが」、後文では「水なしには魚が生きていけないことが」前提となっている。したがって、

mankind would be no more justified in silencing that one person, than he would be jusutified in silencing mankind. は would を当面無視すれば

「彼が人類を沈黙させることが正当化できないと同様、人類はその一人の

人物を沈黙させることは正当化できない」となる。

● If all mankind minus one, were of one opinion

be of … opinion 「…の意見である」

I am of the opinion that in some degree wisdom can be taught.

「知恵はある程度は教えられるというのが私の見解だ」

本文で2回出てくるifは「もし…」ではなく、譲歩を表わしeven though
の意味。

If I am wrong, you are not absolutely right.

「たとえ私が間違っているとしても、君だって絶対に正しいとは言えない」

【訳】

「一人を除いた全人類が同じ意見であり、反対の意見をもった者が一人しか
いないとしても、この一人の人間の口を封じることが正当化できないのは、
この人物に権力があったとしても、全人類を沈黙させることが正当化できな
いのと同様である」とミルは力説している。

(2)　Not that the solitary eccentric is always or, probably, often in the
right; but if he is in the wrong the upholders of the current opinion
lose, if they silence him, what is very valuable, namely the clearer
perception and livelier impression of truth produced by its collision
with error;

【語句・構文解説】

● Not that … はbutと呼応してIt is not that … , but that～「だからとい
って…というわけでなく～だからである」の意。

I scolded my daughter. It was not that I got angry but that I wanted
her not to tell a lie again.

「私は娘を叱った。だからといって腹を立てたからではなく、二度と嘘を
言ってほしくなかったからだ」

● eccentric 「変人」

108

- in the right 「正しい」。反対語は後出の in the wrong。
- upholder 「支持者」
- current 「現在通用している、現行の」
- but 以下の文構造は the upholders of the current opinion が主語、lose が動詞、what is very valuable が目的語の、S+V+O という典型的な第3文型。
- namely 「すなわち、つまり」の意味からもわかるように、namely 以下は what is very valuable の同格となっている。
- perception 「認識」
- the clearer perception and livelier impression livelier の前に the がないことにより and が perception と impression を結びつけており、一つの塊となっているので、of truth は perception と impression の両方にかかることがわかる。
- clearer、livelier と比較級になっていることに注意。比較の対象は、文意より「they silence him ということをしない場合」である。比較の対象の省略は、明らかな場合しばしば起こるのは日本語でも同じである。Study harder.「もっと勉強しなさい（今よりも）」

  I felt it better not to see him again (than to see him again).

  「彼には二度と会わないほうがよいと思った」
- collision は collide の名詞形「衝突」。
- produced by its collision with error は過去分詞の後置修飾で the clearer perception and livelier impression of truth の全体を修飾している。

  Italy is a peninsula shaped (= which is shaped) like a boot.

  「イタリアは長靴の形をした半島だ」
- its collision with error の its は truth、名詞構文で日本語にするときには、truth collides with error という文にすると訳しやすい。

【訳】

何もこの孤立した風変わりな人間が、いつも正しいとか、あるいは、正しい場合がおそらく多い、というのではない。しかし、もしその人物が間違っていたとして、その人の口を封じるなら、現在一般に受け入れられている考

109

えを支持する人々は極めて価値あるものを失うことになる。つまり、真理を過ちと突き合わせることによって得られる、真理をより明確に認識し、真理をより生き生きと印象づけることを。

(3) 　; while if the solitary thinker is in the right, by silencing him mankind has lost the opportunity of enjoying the inestimable benefit of exchanging error for a nearer approach to truth.

【語句・構文解説】

● while 以下の節全体は前文の but if he is in the wrong 以下の節全体を while で結びついている。

while は大きく分けて三つの意味がある接続詞。

①「…する間に」

②主節の後方に置き対比を表す。「ところが一方、しかるに、whereas」

③文頭に置いて、譲歩の従属節を導いて「…だけれども」though。

本文は②の用法。

He likes sports, while I like books.「彼はスポーツが好きだが、一方僕は本が好きだ」

● solitary 「孤立した」

● by silencing him 「彼を沈黙させることにより」

● opportunity of 　動名詞。「…する機会」

● inestimable 「極めて貴重な」

● benefit 「恩恵」

● of exchanging error for a nearer approach to truth. の of は同格を示し「…という」。本文では the inestimable benefit と同格。

the fact of my seeing him 「私が彼に会ったという事実」

● exchange A for B 「A を捨てて B を手に入れる」

● nearer 　と比較級になっているのは、前出の clearer、livelier と比較級になっている場合と同じように考えて、「by silencing him しない場合」

が比較の対象になっている。

【訳】

　一方、この孤立した思想家が正しい場合には、彼を沈黙させることで、過ちを真理により近いものと交換するというこの上もなく貴重な恩恵を享受する機会を失ってしまう。

(4) Men and women learn by discussion and argument. If argument is silenced, not only may error flourish unrestrained, but truth itself is held in a feebler and less vital manner.

【語句・構文解説】

● flourish　「はびこる、繁茂する」

● not only may error flourish

　not only …, but …の構文であることは簡単に見抜けただろう。

　問題はmay error flourishのところで、本来はerror may flousichの語順が諸君も知っているとおり、否定の副詞（句・節）が文頭にくると強制倒置が行われる。動詞に助動詞がついていなければ「V＋S」となるが、助動詞がついていれば「助動詞＋S＋V」となる。

　Never in all my life have I been so strongly attracted to any man.

　「生まれてこのかた、私は人に対してこれほど強く引きつけられたことはない」

　Not only does Tom say what should be said; he also does what should be done.

　「トムは言うべきことも言うが、するべきこともする」

　I can't remember his name. Nor can I.

　「彼の名前が思い出せない。私もそうだ」

● unrestrainedは過去分詞であり、形容詞として働き、flourishの補語。flourishは本来は完全自動詞で補語をとらないが、このような補語を疑似補語という。たとえばdieは完全自動詞でHe died.「彼は死んだ」は立派な英語だが、He died young.「彼は若死にした」という表現も立派な英

111

語である。形容詞化した過去分詞が補語になる例文は、

He returned home exhausted.

「彼は疲労困憊して帰宅した」

●is held の hold は「(信念・意見などを心に) もつ・抱く」

hold a belief 「信念を抱く」

●feeble 「弱々しい」

●in a feebler and less vital manner

in a+形容詞+manner (way) は様態を表す副詞句。

Do it in this manner.「それはこんなふうにやってみなさい」

●feebler と less vital の比較の対象は、もう2回出てきたので見当はつく
だろうが、「argument is silenced しない場合」である。

【訳】

　我々は議論と討論によって学ぶのである。議論が封じられれば、誤りが無
制限にはびこるかもしれないばかりか、真理そのものも、より弱々しく、よ
り貧弱にしか、信じられないのである。

全　訳

「一人を除いた全人類が同じ意見であり、反対の意見をもった者が一人しかい
ないとしても、この一人の人間の口を封じることが正当化できないのは、この人
物に権力があったとしても、全人類を沈黙させることが正当化できないのと同様
である」とミルは力説している。何もこの孤立した風変わりな人間が、いつも正
しいとか、あるいは、正しい場合がおそらく多い、というのではない。しかし、
もしその人物が間違っていたとして、その人の口を封じるなら、現在一般に受け
入れられている考えを支持する人々は極めて価値あるものを失うことになる。つ
まり、真理を過ちと突き合わせることによって得られる、真理をより明確に認識
し、真理をより生き生きと印象づけることを。一方、この孤立した思想家が正し
い場合には、彼を沈黙させることで、過ちを真理により近いものと交換するとい

112

うこの上もなく貴重な恩恵を享受する機会を失ってしまう。我々は議論と討論によって学ぶのである。議論が封じられれば、誤りが無制限にはびこるかもしれないばかりか、真理そのものも、より弱々しく、より貧弱にしか、信じられないのである。

解 説

　一橋大学で出題された英文です。

　ミルについては、私のつたない説明より加藤周一が述べていることを載せたほうがより明快ですので、少し長くなりますが以下に掲載しておきます。加藤周一は戦後日本を代表するもっとも偉大で誠実な評論家・知の巨人です。世界各地の大学で教鞭を執り、日本最大の百科事典である、平凡社の『世界大百科事典』の改訂版の編集長を林達夫に次いで果たしました。『羊の歌』は彼の自叙伝で昭和の知識人がどのように形成されたのかがよくわかる本です。また、世界７カ国の言語に翻訳されている『日本文学史序説』は、従来の国文学者にはとうていできない観点から日本文学を考察しており、一読、知的興奮を覚えます。

　以下の文章は『言葉と人間』の中の「多数専制または『自由論』の事」の抜粋です。

　　私が英国の学者ミル（John Stuart Mill）に感心することは、二つある。その一つは『自叙伝』のなかに語られている恋愛であり、もう一つは『自由論』にあらわれた理路整然たる情熱である。

　　1828年に24歳のミルは、当時23歳のテイラー夫人に会い、彼女の裡に「生涯の最良の友」を見いだした、という。彼女は結婚したままで、その後20年以上に及ぶ「極めて親しい関係」――ミル自身によれば「不倫を伴わぬ」ところの、夫人自身によれば、「魂の友情」とよばれるところの――が、つづけられる。その間世間一般、家族との関係は、よくなくなる。1849年に彼女の夫、テイラー氏が死に、その２年後、1851年に、彼らは正式に結婚する。しかし家族との関係は改善されず、世間から半ばかくれて暮らし、そういう結婚生活が７年つづいて、1858年に旅先

113

の南仏アヴィニョンで彼女が病死する。葬式をすませたミルはその墓地の見える
ところに、小さな家を求めて、彼女が死んだ宿屋の家具を移し、毎年そこで数カ
月を過ごすのを、その後の生涯の例とした、という。

それほどまでに一人の女を愛することのできた男に、私は共感を覚える。私の
女友だちは言ったことがある、「愛することができるのは素晴らしいことではない
かしら」と。それは、あらゆる感情的負担、あらゆる実生活上の困難にもかかわ
らず、という意味であった。私はその時も今も彼女に賛成するのである。

夫人の病没した翌年、英国に帰っていたミルは『自由論』(On Liberty) を出版
した。それは徳川幕府が欧米の列強と通商条約を結んだ翌年であり、狂信的国粋
主義者が井伊直弼を桜田門外で暗殺した前年である。そのとき英国では、その「最
高の知的権威」(バルフォア卿) であった思想家ミルの関心の中心が、多数専制 (the
tyranny of the majority) の怖れに対して個人の「自由」を擁護することであり、「市
民的または社会的自由」、すなわち「社会が個人に対して正当に行使することので
きる力の限界」を、理論的に基礎づけることであった。

15 年戦争中の日本は、「自由」と「自由主義」を危険思想とし、禁句としていた。
戦後の日本は、「自由」をみずから理論的に基礎づけることなしに、当然の価値と
して受け取ってきたようにみえる。そもそもなぜ「自由」が必要なのか、という
公然たる問いは少なかった。その答えはすでに米国ででているというのが、日本
社会一般にしても、また自由民主党にしても、その暗黙の了解ではなかったろうか。
しかし私は折りにふれて基本的な問題を洗いなおすことが日本社会にとっても大
切だろうと考えている。

ミルの議論の要点は、個人の意見と行動は、それが他人に害を与えないかぎり、
法的権力によっても、社会的圧力によっても、決して制限せらるべきでない、と
いうことにあった。そして彼は、しばしば政治的弾圧よりも怖るべき「社会的専制」
について語りながら、それが「個人に逃れる余地をあたえず、生活の細部にまで
深く浸透し、その精神を奴隷化する」ことを見抜いていた。「一人を除く人類の意
見が一致しても、人類がその個人を沈黙させることが不当なのは、その男に権力
があって人類を沈黙させることが不当なのと、同じである」「意見 (および行動)
の一致は、それが反対意見の十分かつ自由な検討の後に到達されたものでないか
ぎり、望ましくない。意見の不一致は、悪でなくて、善である…」

私は『自由論』の中にこのような文句を読み、その理由を説明するヴィクトリア朝
の英国人の理路整然たる情熱に、今なお深く感動し、今なお強く賛成するのである。

114

『自由論』はゆっくりと読み、加藤周一と同じように感動しました。『自叙伝』においてミルが父ジェームズ・ミルによって施された、今で言う早期幼児教育には驚かされます。なにしろ3歳からギリシャ語を教わり、8歳までにアイソポスの寓話、ヘロドトスの全著作とプラトンの数編を読んでいますし、8歳からはラテン語、ユークリッド幾何学、代数学を学び始め、10歳までに当時の大学で読まれていたすべてのラテン語とギリシャ語の著作を読んでしまっています。12歳からはスコラ哲学を全般的に学び始め、アリストテレスの論理学に関する論文を原書で読み始め、アダム・スミスやリカードの政治経済学まで理解しています。ただし、『自叙伝』ではテイラー夫人の像が加藤周一が書いているほどはっきりとせず、いまひとつ私には明瞭にはなりませんでした。

　以前にも書いたように加藤周一の自伝『羊の歌』『続・羊の歌』は20世紀を生きた一人の日本人の精神の軌跡を見るうえで必読です。ただし、どの自伝でもそうであるようにいくらかの脚色はありますので鵜呑みにしてはいけません。鷲巣力の『加藤周一を読む──「理」の人にして「情」の人』が良い参考になるでしょう。この本を読むと『羊の歌』『続・羊の歌』で加藤が嘘とまでは言わないけれど、かなりの省略や都合の悪い事柄については書いていないことが判明します。

115

寛容

(1) I do not believe in Belief. But this is an age of faith, and there are so many militant creeds that, in self-defence, one has to formulate a creed of one's own. (2) Tolerance, good temper and sympathy are no longer enough in a world which is rent by religious and racial persecution, in a world where ignorance rules, and science, who ought to have ruled, plays the subservient pimp. (3) Tolerance, good temper and sympathy——they are what matter really, and if the human race is not to collapse, they must come to the front before long. (4) But for the moment they are not enough, their action is no stronger than a flower, battered beneath a military jack-boot. They want stiffening process, even if the process coarsens them. (5) Faith, to my mind, is a stiffening process, a sort of mental starch, which ought to be applied as sparingly as possible. I dislike the stuff. I do not believe in it, for its own sake, at all. (6) Herein I probably differ from most people, who believe in Belief, and are only sorry they cannot swallow even more than they do. (7) My law-givers are Erasmus and Montaigne, not Moses and St. Paul. My temple stands not upon Mount Moriah but in that Elisian Field where even the immoral are admitted. My motto is: "Lord, I disbelieve; help thou my unbelief."

文章読解

(1) I do not believe in Belief. But this is an age of faith, and there are so many militant creeds that, in self-defence, one has to formulate a creed of one's own.

【語句・構文解説】

● believe in 「正しいと信じる」

● this 「(時間を指して) 今、ただ今、現代」

This is an era of mass communication.

「現代はマスコミの時代だ」

● militant 「闘争的な」

● creed 「信条、主義」

● so … that 極めてやさしいso … that構文で、説明はいらないだろう。

● in self-defence 「自己防衛のために」

● formulate 「明確に述べる」

● one 冠詞も修飾語句も伴わずに、話者を含んだ「一般の人」を指す。

● of one's own 「自分自身の」

【訳】

　私は信条を信じない。しかし現代は信念の時代であり、非常に多くの闘争的な信条があるので、自己防衛のために、誰しも自分自身の信条を明確に述べねばならない。

(2) Tolerance, good temper and sympathy are no longer enough in a world which is rent by religious and racial persecution, in a world where ignorance rules, and science, who ought to have ruled, plays the subservient pimp.

【語句・構文解説】

- good temper 「平静」
- no longer 「もはや…ない」
- rent 「rend（引き裂く）の過去分詞」
- racial 「民族的な」
- persecution 「迫害」
- subservient 「卑屈な、へつらう」
- pimp 「ぽん引き、売春斡旋業者」

【訳】

　寛容・平静・同情だけでは、宗教的・民族的迫害によって引き裂かれ、無知が支配し、当然支配力をもつべきであった科学が卑屈な取り持ち役をやっている世界では、もはや十分でない。

(3)　Tolerance, good temper and sympathy— they are what matter really, and if the human race is not to collapse, they must come to the front before long.

【語句・構文解説】

- what matter　what は関係代名詞で matter は動詞で be important の意味。what が主語になる場合、単数扱いがおもだが文脈によっては複数扱いになる。本文では what は they と同じなので matter となり matters と単数扱いではない。

  What Japanese intend as gestures of friendship are sometimes misunderstood to be signs of flattery.
  「日本人が友情の表現のつもりですることが追従の現れだと誤解されることもある」

- is not to collapse　be to - 不定詞は、予定・義務・命令・運命・可能・目的・意図と意味がたくさんあるが、if- 節では目的・意図。

  We must reduce labor cost if we are to make a profit.

「黒字を出すつもりなら、人件費を削減しなければならない」

If you are really to succeed anything, you must make a good start.

「どんなことでも本当に成功を収めたいなら、初めが肝腎だ」

● collapse 「崩壊する」

● come to the front 「前面に現れる」

● before long 「遠からず、やがて、間もなく、soon」

【訳】

　寛容・平静・同情——これらは真に重要なものであり、人類が崩壊を免れるためには、これらが遠からず前面に出てこなければならない。

(4) But for the moment they are not enough, their action is no stronger than a flower, battered beneath a military jack-boot. They want stiffening process, even if the process coarsens them.

【語句・構文解説】

● for the moment 「今のところ、やがて」

● no stronger than … 「…より強くはない→同じようにか弱い」

She is a little girl no higher than you.

「彼女はほぼ君と同じ背丈の少女です」

● batter 「(動)踏みつぶす、(名)バッター」

● jack-boot 「軍靴」

● stiffen 「硬化させる、堅くする」

● coarsen 「粗雑にする、下品にする」

【訳】

　だが今のところこれらは十分でなく、これらの活動は軍靴の下に踏みにじられる一輪の花と同じようにか弱い。これらは硬化される必要がある、たとえこの硬化の過程でその質が粗雑になっても。

(5) Faith, to my mind, is a stiffening process, a sort of mental starch, which ought to be applied as sparingly as possible. I dislike the stuff. I do not believe in it, for its own sake, at all.

【語句・構文解説】

●to my mind 「私の考えでは」

●starch 「糊」

●sparingly 「節約して、控えめに」

●which ought to be applied 受け身で助動詞があり、かつ動作主がない場合、そのまま訳すと、硬い日本語になってしまう。このときはヴォイスチェンジが必要。

I must be obeyed (by you).

「私は従わられなければならない」

↓

You must obey me.

「言うことを聞きなさい」

we ought to apply which (=starch) as sparingly as possible として訳すこと。

●not … at all 「ぜんぜん…ない」

●for its own sake 「それ自体のために」

【訳】

　信念は、私の考えでは、硬化の過程であり、ある種の精神をこわばらせる糊のようなもので、それはできる限り少なめに使わねばならない。私はそれが嫌いだ。私はそれを、それ自体のために、少しも信じない。

(6) Herein I probably differ from most people, who believe in Belief, and are only sorry they cannot swallow even more than they do.

【語句・構文解説】

● Herein 「この点で」
● do swallow の代動詞

【訳】

　この点で私は恐らく、たいていの人々とは違っていて、彼らは信条を信じ、現在よりももっと多くのものを鵜呑みできないのをただもう残念がっている。

(7)　My law-givers are Erasmus and Montaigne, not Moses and St. Paul. My temple stands not upon Mount Moriah but in that Elisian Field where even the immoral are admitted. My motto is: "Lord, I disbelieve; help thou my unbelief."

【語句・構文解説】

● law-giver 「立法者」
● Erasmus and Montaigne　エラスムスとモンテーニュ…（解説）で説明する。
● not … but　のやさしい構文。
● the immoral　the rich / the poor と同じで「不徳な人々」。
● Mount Moriah　モライアの丘…エルサレムにある丘でソロモンの神殿があった。
● Elisian Field　エリジアの野…ギリシャ神話にある死者が集う楽園。ギリシャ語を英語に訳したもので、フランス語にすると、誰でも知っているシャンゼリゼ。
● "Lord, I disbelive…help thou my unbelief."
　聖書からの引用であることに気がつかなければいけない、ほかの箇所で述べてあるので、くどくは言わないが、『新約聖書』なら「マタイ伝、マルコ伝、ルカ伝、ヨハネ伝」の四福音書は必読書である。
　「マルコ伝」9章24節に "Lord, I believe; help thou my unbelief."

「主よ信じます。私の弱い信仰をお助けください」という句がある。

【訳】

　私の立法者はエラスムスやモンテーニュで、モーゼやパウロではない。私の神殿はモライアの丘の上に立つのではなく、不徳な人々さえも入ることを許されるエリジアの野に立っている。私のモットーは「主よ、我信ぜず、わが不信を助けたまえ」。

全　訳

　私は信条を信じない。しかし現代は信念の時代であり、非常に多くの闘争的な信条があるので、自己防衛のために、誰しも自分自身の信条を明確に述べねばならない。寛容・平静・同情だけでは、宗教的・民族的迫害によって引き裂かれ、無知が支配し、当然支配力をもつべきであった科学が卑屈な取り持ち役をやっている世界では、もはや十分でない。寛容・平静・同情……これらは真に重要なものであり、人類が崩壊を免れるためには、これらが遠からず前面に出てこなければならない。だが今のところこれらは十分でなく、これらの活動は軍靴の下に踏みにじられる一輪の花と同じようにか弱い。これらは硬化される必要がある、たとえこの硬化の過程でその質が粗雑になっても。信念は、私の考えでは、硬化の過程であり、ある種の精神をこわばらせる糊のようなもので、それはできる限り少なめに使わねばならない。私はそれが嫌いだ。私はそれを、それ自体のために、少しも信じない。この点で私は恐らく、たいていの人々とは違っていて、彼らは信条を信じ、現在よりももっと多くのものを鵜呑みできないのをただもう残念がっている。私の立法者はエラスムスやモンテーニュで、モーゼやパウロではない。私の神殿はモライアの丘の上に立つのではなく、不徳な人々さえも入ることを許されるエリジアの野に立っている。私のモットーは「主よ、我信ぜず、わが不信を助けたまえ」。

解　説

Edward Morgan Forster（1879〜1970）の What I Believe が出典です。

フォースターは日本では最近あまり読まれていない作家ですが、昭和30年代から40年代にかけて大いに読まれ、全13巻の著作集がみすず書房から刊行されています。小説では『天使も踏むのを恐れるところ』『インドへの道』、評論では今読んだ『わが信条』が傑出しています。何よりも芸術・文学、総じて文化を大切だと考える人でした。1930年代から第二次世界大戦にかけてファシズムが猛威を揮って、文化の基盤である個人の自由が失われ、文化そのものが危機にひんしたときに書かれたのがこの『わが信条』です。

20世紀の初頭ロンドンのブルームズベリー地区に、おもにケンブリッジ大学出身の若い優秀な人たちが定期的に集まり、文化・芸術・哲学などを論じる、歴史上ブルームズベリー・グループといわれているグループが生まれ、フォースターもその一員になっています。ほかには、経済学者となったジョン・メナード・ケインズ、小説家のヴァージニア・ウルフ、伝記作者のリットン・ストレイチー、美術評論家のロジャー・フライなど様々な人が加わっています。時にはバートランド・ラッセルも来たそうです。プルーストの『失われた時を求めて』やアーサー・ウェイリー訳の『源氏物語』を本格的に読み始めたのも、このグループの人たちです。

ところで、伝記文学はヨーロッパでは伝統的に愛好されているものですが、作者ではイギリスでは先にあげたリットン・ストレイチー、フランスではアンドレ・モーロワ、ドイツ語圏ではオーストリア人のシュテファン・ツヴァイクが抜きん出ています。ついでに言っておきますと、池田理代子の『ベルサイユのばら』はオスカルだけは架空人物ですが、それ以外はツヴァイクの『マリー・アントワネット』を忠実になぞっていると、両者を比較した私の友人が言っていました。この話を得意になって、さも自分が見つけたように「オスカルが、オスカルが」、と女子大で話していたら、いちばん前に座っていた生徒が突然立ち上がって「先生、オスカルではなく、オスカル様です」、と抗議されました。

閑話休題。

フォースターの文学の主題は、異なる価値観をもった者同士が接触することで巻き起こされる出来事について描いたものが多くあります。ここに、今読んだ寛容の問題が生まれてきます。フォースターは徹底して寛容を擁護する立場に立っています。だから、デシデリウス・エラスムスやミシェル・ド・モンテーニュが出てきたのです。エラスムスはオランダ生まれの人文主義者で、20歳の頃から正式なカトリックの修道僧としての誓願を立てています。彼はヨーロッパ各地を旅行して見聞を広め、人文学者としての仕事、つまり古代学芸の紹介、聖書の原典批判、カトリック教会の制度に対する批判を続けるうちに、全ヨーロッパの人文主義の王者と仰がれるようになりました。都合3回イギリスに渡っておりトマス・モアとも親しくなっています。今日でも読まれているエラスムスの作品に『痴愚神礼讃』がありますが、これはトマス・モアの家に滞在していた折に書かれたものです。カトリック教会内に留まりながらも、キリスト教の復位・復元を願い、カトリック教会制度を批判し硬化したものの見方、考え方を是正しました。1517年からマルチン・ルターの宗教改革は激化しますが、エラスムスはルターの過激すぎる実践活動には同意できず、ルターの思想に対する批判として『自由意志論』を書いています。これに対するルターの反論が『奴隷意志論』で、両者の間で当時有名になった論戦が行われました。中年以降から晩年に至るエラスムスは、彼に批判されたカトリックの狂信主義者と新教徒の狂信主義者の両者から批判を受けながらも、寛容の精神を説いてやみませんでした。

　ルターとくれば、もう一人の改革者ジャン・カルヴァンをあげないわけにはいかないでしょう。主著である『キリスト教綱要』や『聖書』のフランス語訳をしたカルヴァンは、スイスのジュネーブで神権政治を行い、それは予定説でも見当がつくように、あらゆる娯楽を一切禁止する、不寛容な恐怖政治だった。三位一体説に疑問を抱いていた神学者ミシェル・セルベを生きたまま火刑にしたのもその一例です。反カトリック陣営でありながら、カルヴァンのこの過激な行動に反対したのがセバスチャン・カステリヨンで、カルヴァンはこのカステリヨンを迫害しています。詳しくは先に述べたツヴァイクの『権力と闘う良心』という本の中に記されていますので、大学の図書館か古書店で見つけてください。

　予定説に立つルターもカルヴァンも、ご存じのように職業労働に対して道徳的

な意味づけを行っており、職業を神の召命（天職）と見なし、神の栄光を顕わすために世俗的な職業に励み、禁欲的な生活を送り、それを救いの証しとしました。マックス・ヴェーバーが『プロテスタンティズムの倫理と資本主義の精神』のなかで述べているように、近代資本主義の源泉はプロテスタンティズムの中に潜んでいたようです。大学生時代に『プロテスタンティズムの倫理と資本主義の精神』を読んでいたら、セバスチャン・カステリヨンの名前が出てきて、なんとなく嬉しい気分になったことがありました。

　「われ何をしるか（ク・セ・ジュ）」の言葉で有名な、モンテーニュが生まれ育ったのは16世紀のフランスで、当時は新旧両派が入り乱れた宗教戦争に明け暮れていた時代でした。ボルドー高等法院の評議員を務めていたのですが、37歳で引退し自宅に籠もって読書三昧の生活の中から生まれたのが『随想録（エセー)』です。1580年にこの『随想録（エセー)』を刊行すると間もなく旅に出て、スイス、ドイツ、イタリアを歴訪しましたが、イタリア滞在中にボルドーの市長に選ばれております。モンテーニュの父もボルドー市長になっています。モンテーニュは終生カトリックに留まり、市長時代には国王アンリ3世を擁護しながらも、宗教戦争を否定し平和を願い、超党派的に旧教と新教両陣営の融和に尽力しております。国王に忠誠を誓いながらも、モンテーニュはのちの国王アンリ4世、当時は新教徒であった、アンリ・ド・ナヴァールとも親しく、『随想録（エセー)』によればナヴァールは2回モンテーニュ宅を訪問し泊まっています。この親交はのちの「ナント勅令」の発布にも遠く影響を及ぼしています。常に過激な行動を嫌い寛容を説いて止まなかったモンテーニュをフォースターが愛読したのは当然です。『随想録（エセー)』は出版以来フランスばかりかイギリスで翻訳され、紳士の教養書になっています。デカルト、パスカルもこの『随想録（エセー)』を読み影響を受けていることは、デカルトの『方法序説』、パスカルの『パンセ』にその痕跡があることからわかります。この点については、ストロウスキーの『フランスの知慧』と、翻訳はありませんがブランシュヴィックの『デカルトとパスカル：モンテーニュの読者』が参考になります。

　日本で寛容思想といえば、誰よりも渡辺一夫です。16世紀フランス文学、とくにラブレー研究では世界的権威であり、大江健三郎がもっとも尊敬していた東

大仏文科の教授でした。太平洋戦争の最中、日本のおくれを指摘し、軍部の横暴を嫌悪し、戦争宣伝に騙されず、寛容を説き、日本国中が狂信に取り憑かれていたときに正気を持ち続けた数少ない知識人です。戦後「寛容は自らを守るために不寛容に対して不寛容になるべきか」という苦渋に満ちた論文を雑誌『世界』に発表しています。加藤周一は戦争当時は東大医学部の学生で、医学部の授業の都合がつくかぎりフランス文学の授業に出たり、仏文研究室を訪れて辰野隆、鈴木信太郎、中島健蔵、森有正、三宅徳嘉などと講義のあとで雑談していました。そのなかでも渡辺一夫が際立っていたことが、加藤周一の自伝である『羊の歌』のなかの「仏文研究室」に書かれています。少し長い引用になりますが読んでみてください。

（前略）しかし私がいちばん強い影響をうけたのは、おそらく戦争中の日本国に天から降ってきたような渡辺一夫助教授からであったにちがいない。渡辺先生は、軍国主義的な周囲に反発して、遠いフランスに精神的な逃避の場をもとめていたのではない。そうするためには、おそらくフランスの文化をあまりによく知りすぎていたし、また日本の社会にあまりに深く係わっていた。日本の社会の、そのみにくさの一切のさらけ出されたなかで、生きながら、同時にその事の意味を、より大きな世界と歴史のなかで、見定めようとしていたのであり、自分自身と周囲を、内側からと同時に外側から、「天狼星の高みから」さえも、眺めようとしていたのであろう。それはほとんど幕末の先覚者たちに似ていた。攘夷の不可能を見抜き、鎖国の時代錯誤を熟知し、わが国の「後れ」を単に技術の面だけでなく、伝統的な教育とものの考え方そのものに認めて、その淵源を日本国の歴史のなかにもとめ………もしその抜くべからざる精神が、私たちの側にあって、絶えず「狂気」を「狂気」とよび、「時代錯誤」を「時代錯誤」とよびつづけるということがなかったら、果して私が、ながいいくさの間を通して、とにかく正気を保ちつづけることができたかどうか大いに疑わしい。（略）その「十六世紀」は、綿密周到に調べられていただけではない。まさにそれは、宗教戦争の時代であり、異端裁判の時代であり、観念体系への傾倒が「狂気」に近づいた時代であって、従ってまた何人かのユマニストたちが「寛容」を説いてやまなかった時代でもあった。すなわち、遠い異国の過去であったばかりでなく、また日本と日本をとりまく世界の現代でもあった。資料の周到な操作を通して過去の事実に迫ろうとすればするほど、過去のなかに現在があらわれ、また同時に、現在の

なかに過去がみえてくるということを、渡辺先生は身をもって、私たちに示していた。このおそろしく聡明で敏感な学者は、幕末の志士に似たその面影を、常に味深い皮肉と逆説のかげにかくし、露骨な表現は、文明ではない、といっているようにみえた。ラシーヌの舞台では、主人公の死が報じられるが、血の流されることはない。

　ところで、昭和20年12月15日、つまり敗戦（終戦ではありません）の日からちょうど4カ月後に『展望』という志の高い雑誌が創刊されていますが、その創刊号に中野好夫訳でこのフォースターの『わが信条』が掲載されています。今日とは違い敗戦後の混乱期ですから、少なくとも１カ月前には原稿が揃っていなければ、雑誌の刊行は不可能だったでしょう。つまり、敗戦の３カ月後にはこの翻訳が出来上がっていたことになります。フォースターの『わが信条』が出版されたのは1939年（昭和14年）で、太平洋戦争（真珠湾攻撃）が始まったのが翌々年の1941年ですので、当然のことながら当時は敵国の書籍は輸入されておりませんでしたので、この本が輸入されたのは、敗戦後ということになります。中野好夫の英語力をもってすれば、翻訳には2、3日もあれば十分でしょうが、それにしても、敗戦後の混乱していた時期に、このフォースターの『わが信条』を読んでいた人が日本人の中にいたということには、感動します。「文学は男子一生の仕事」などという古い言葉が心に浮かびます。

　平安時代の三つの勅撰漢詩集の最初の『凌雲集』では序文の冒頭に引用されているのは、三国魏の初代皇帝文帝の次の言葉です。「文章ハ経国ノ大業、不朽ノ盛事ナリ」。

〈No.16〉

世界の十大小説

(1) Every man, in reading, is his own best critic. Whatever the learned say about a book, however unanimous they are in their praise of it, unless it interests you it is no business of yours.

(2) Don't forget that critics often make mistakes, the history of criticism is full of the blunders the most eminent of them have made, and you who read are the final judge of the value to you of the book you are reading. (3) We are none of us exactly like everyone else, only rather like, and it would be unreasonable to suppose that the books that have meant a great deal to me should be precisely those that will mean a great deal to you. (4) But they are books that I feel the richer for having read, and I think I should not be quite the man I am if I had not read them.

(5) So I beg of you, if any of you are tempted to read the books I suggest and cannot get on with them, just put them down ; they will be of no service to you if you do not enjoy them. (6) No one is under an obligation to read poetry or fiction or the miscellaneous litera-ture which is classed as belles-lettres. One must read them for pleasure, and who can claim that what pleases one man must necessarily please another?

文章読解

(1) Every man, in reading, is his own best critic. Whatever the learned say about a book, however unanimous they are in their praise of it, unless it interests you it is no business of yours.

【語句・構文解説】

● in reading = when he reads

　on reading = as soon as he reads

● the+形容詞・分詞

　①人々　複数扱い

　　The rich are not always happy.

　　「金持ちは必ずしも幸せではない」

　　the young 「若者たち」　　the wounded 「負傷者たち」

　　the learned 「学識ある人たち」　　the poor 「貧しい人たち」

　②抽象名詞　単数扱い

　　Philosophers are concerned with the true, the good and the beauiful.

　　(= truth, goodness and beauty)「哲学者は真・善・美を問題にしている」

　　The old and the very new exist side by side in Japan.

　　「日本では古い面と非常に新しい面とが共存している」

● Whatever happens, I will do it. 　譲歩節。

　「何が起こっても、私はそれをするのだ」

● The meeting was unanimous in protesting against the policy.

　「会は全員、その政策に抗議することに同意した」

● their praise of it = they praise it　名詞構文なので訳すときは文にしたほうが日本語にしやすい。

● However long a vacation is, I always feel I want a few days more.

　「休暇がどれほど長くとも、もう2、3日欲しいといつも思います」　譲歩節。

● it is no business of yours = it is none of your business 「あなたには

関係がない」

●第2文では三つの副詞節（whatever節、however節、unless節）が主節を修飾している。

【訳】

　読書の際には、誰であれ、自分が自分にとっての最良の批評家である。ある本について学識のある人々が何を言おうとも、彼らが口を揃えてその本を褒めようとも、その本があなたの興味を引かないなら、その本はあなたには関係がない。

(2)　Don't forget that critics often make mistakes, the history of criticism is full of the blunders the most eminent of them have made, and you who read are the final judge of the value to you of the book you are reading.

【語句・構文解説】

●全体の文構造は、

　Don't forget [that critics …, (that) the history …, and (that) you …]

　三つの that-節が forget の目的語になっている。

●blunders　「へま」で非難の意味が含まれる。

　error は「誤り」を表す一般的な言葉。

　mistake は基準または正解から外れた「誤り」または判断の「誤り」。

●the blunders (which) the most eminent　と目的格の関係代名詞の省略。

●the most eminent は前後から考えて even the most eminent の意味。

　Without good friends and good talk, the best food is ordinary.

　「気の合った仲間がいて話がはずまなければ、どんなおいしい料理も味気ない」

●you who read are the final judge of the value to you of the book you are reading の骨格は、

　you are the final judge of the value of the book です。

【訳】

批評家はよく間違いを犯し、批評の歴史はどれほど優れた批評家ですら犯した過ちに満ちており、自分が現に読んでいる本の自分にとっての価値を最終的に決めるのは読んでいる自分なんだ、ということを忘れてはならない。

(3) We are none of us exactly like everyone else, only rather like, and it would be unreasonable to suppose that the books that have meant a great deal to me should be precisely those that will mean a great deal to you.

【語句・構文解説】

- We are none of us では We と none of us が同格、これは We are all の否定形。
- only rather like は並列構文に於ける共通語句の省略で、補えば
  we are only rather like everyone else となる。
- it would be unreasonable to suppose …は it … to の形式主語構文。
- to suppose …に仮定の意味が含まれている。
  It would be madness to climb the mountain in such a snowstorm.
  「こんな吹雪にこの山に登ろうなんて、まったくむちゃだ」
  (=if you climbed…)
- suppose は文末まで支配。
- To follow the fashion means a great deal to girls.
  「流行を追うことは女の子にとってとても大切だ」
- If you leave now, you should get there by five o'clock.
  「今出発すれば、5時にはそこに着くはずです」
  可能性・推量を表す should で ought to よりも穏やかな表現。
- those = books
  The climate is like that of France.
  「気候はフランスのそれに似ている」

131

【訳】

　私たちは誰一人として他人とまったく同じという人はいない。ただいくらか似ているにすぎない。だから、私にとって大きな意味があった本が、そっくりそのままあなたとっても大きな意味があるに違いないと思ったとしたら、理屈に合わないことになろう。

(4)　But they are books that I feel the richer for having read, and I think I should not be quite the man I am if I had not read them.

【語句・構文解説】

● If you start now, you'll be back the sooner.

「今出れば、それだけ早く帰れるでしょう」

I said nothing, which made him (all) the more angry.

「私は何も言わなかったが、それが彼をますます怒らせた」

この構文は前または後ろに比較の理由を示す語句があり、the は「それだけ」という意味で、その理由に対する程度を示し、前に強調の副詞 all が付くことが多い。本文では for having read が理由を示す語句。

● 完了動名詞は文の述語動詞より前の「時」を示す。

He was ashamed of having asked (= that he had asked) such a silly question.

「彼はそんな馬鹿げた質問をしたことを恥ずかしく思った」

● もし「（過去に）〜したとすれば、（現在は）…であろう」というときは、if 節には仮定法過去完了を使い、主節は仮定法過去の場合と同じにする。

He would have better teeth if he had eaten sensibly as a child.

「子供のときに考えて物を食べていたら、現在は歯がもっと丈夫だっただろう」

● Like the artist that he is, he does everything so neatly.

「さすがに彼は芸術家だけあって、なんでも手際よくやる」

この that は補語として働くが、しばしば省略される。

the man (that) I am = what I am「今の私」

Bob is not the man (that) he used to be.「ボブは昔の彼とは違う」

【訳】

　しかし、これらの本は、それを読んだがためにそれだけ自分が豊かになったと感じる本であり、そしてもしそれを読まなかったとしたら、私は今の私とは少し違った人間になっていただろう。

(5)　So I beg of you, if any of you are tempted to read the books I suggest and cannot get on with them, just put them down ; they will be of no service to you if you do not enjoy them.

【語句・構文解説】

●I beg of you「お願いしますが」　決まった文句で、文頭でも挿入でも用いられる。

●are tempted to do　「…する気になる」

●Does your wife get on with your mother ?

　「奥さんはおしゅうとめさんとうまくやっていますか」

●He put the phone down.

　「彼は受話器を置いた」

●Can I be of service to you ?

　「何か御用はございますか」

　be of service　「役に立つ」

【訳】

　そこでお願いしたいのは、もしあなた方の誰かが私の薦める本を読む気になっても、続けられなくなったら、本を置いてください。読んで楽しくなければ、なんの役にも立たないのだ。

(6)　No one is under an obligation to read poetry or fiction or the miscellaneous literature which is classed as belles-lettres. One

133

must read them for pleasure, and who can claim that what pleases
one man must necessarily please another ?

【語句・構文解説】

● You are under no obligation to answer our questions.
「あなたは我々の質問に答える義務はない」

● miscellaneous 「諸々の、様々な」

● belles-lettres 「(フランス語) 純文学」

● One 冠詞や修飾語句を伴わずに話者を含む「一般の人」。
One must obey one's parents.
「親には従わねばならない」この訳のように日本語にするときには、訳に
入れないほうが日本語らしくなる。

● that what pleases one man must necessarily please another
この that-節は claim の目的語で、that-節のなかでは what pleases one
man が主語。please が動詞。

● necessarily があるので must = is certain to「〜に違いない」。

● Who knows ? 修辞疑問文。「誰が知っていようか」→「誰も知らない」

【訳】

詩であれ、物語であれ、純文学に分類されている様々な文学であれ、それ
を読む義務など誰にもない。こうしたものは楽しみのために読むべきである
が、ある人が楽しいと思うものが必ず、ほかの人にとってもきっと楽しいに
違いないと誰が言えようか？

全　訳

読書の際には、誰であれ、自分が自分にとっての最良の批評家である。ある本
について学識のある人々が何を言おうとも、彼らが口を揃えてその本を褒めよう
とも、その本があなたの興味を引かないなら、その本はあなたには関係がない。

批評家はよく間違いを犯し、批評の歴史はどれほど優れた批評家ですら犯した過ちに満ちており、自分が現に読んでいる本の自分にとっての価値を最終的に決めるのは読んでいる自分なんだ、ということを忘れてはならない。私たちは誰一人として他人とまったく同じという人はいない。ただいくらか似ているにすぎない。だから、私にとって大きな意味があった本が、そっくりそのままあなたとっても大きな意味があるに違いないと思ったとしたら、理屈に合わないことになろう。しかし、これらの本は、それを読んだがためにそれだけ自分が豊かになったと感じる本であり、そしてもしそれを読まなかったとしたら、私は今の私とは少し違った人間になっていただろう。そこでお願いしたいのは、もしあなた方の誰かが私の薦める本を読む気になっても、続けられなくなったら、本を置いてください。読んで楽しくなければ、何の役にも立たないのだ。詩であれ、物語であれ、純文学に分類されている様々な文学であれ、それを読む義務など誰にもない。こうしたものは楽しみのために読むべきであるが、ある人が楽しいと思うものが必ずほかの人にとってもきっと楽しいに違いないと、誰が言えようか？

解　説

　William Somerset Maugham（1874～1965）の Ten Novels and Their Authors の「序文」からの英文で、『世界の十大小説』という書名で翻訳があります。ある編集者がモームに 19 世紀の世界の小説の中から傑作と思われる小説を 10 編選んでもらい、その作者の略伝とその小説の読みどころを解説するように依頼して生まれたのがこの作品です。

　ちなみにその 10 編とは、アメリカ文学からはメルヴィルの『白鯨』、ロシア文学からはトルストイの『戦争と平和』とドストエフスキーの『カラマーゾフの兄弟』、フランス文学からはバルザックの『ゴリオ爺さん』とスタンダールの『赤と黒』とフローベールの『ボヴァリー夫人』、イギリス文学からは少し依怙贔屓でしょうか 4 編、フィールディングの『トム・ジョーンズ』、ディケンズの『デイヴィッド・コッパフィールド』、オースチンの『自負と偏見』、エミリー・ブロンテの『嵐

が丘』です。まあこの選択に異論のある人もおりましょうが、諸君はこのなかの何編を読んでいますか。

20世紀だったら、間違いなくマルセル・プルーストの『失われた時を求めて』とジェームス・ジョイスの『ユリシーズ』があげられるでしょう。ところで、世界のあらゆる民族・国家にはどうして、神話・民話から小説に至るまでのものが存在しているのでしょう。文字をもっていない部族でも神話・民話などの民間伝承が語り継がれています。どうも古代から人間にとって話は人間存在と深くかかわっているようです。このあたりのことはユング派の学者たちが、神話・民話については詳しい構造分析を行っていますので、関連した本は書店や図書館でいくらでも手に入ります。

ではどうして小説を読まなければいけないのでしょう。私たちの経験など、じつは高が知れています、とくに若い諸君の経験などほんの僅かでしょう。大人のなかには若者に向かって無責任にも「経験が足りん」などと説教しますが、じつはその当人だってたいていは大した経験を積んでいるわけではないのです。「経験が足りん」という経験は身をもってする実際経験を指しているのですが、経験にはもう一つあるのです。それは、観察し、類推し、また直観により、そしてとくに読書により著者と対話することから得られるもので、実際経験と同じか、場合によってはそれ以上に心からわかったと思う経験なのです。ここに読書の掛け替えのない価値があるのです。私たちが実際に経験できることは、さほど多くはありませんし、人生で出会える人も限られています。実際経験だけから生まれた人生観などというものは、その時代の大多数の意見をまとめたもの、テレビのニュース解説の域を出ないつまらないものです。どうして、プラトンとモンテーニュとデカルトとパスカルとゲーテと対話しないで、小学校の学芸会のようなつまらないテレビドラマを見るのですか。どうして、孔子と司馬遷と新井白石と福澤諭吉と対話しないのですか。彼らはいつだって諸君が来るのをじっと待っているのです。

「ひとり灯のもとに文をひろげて、見ぬ世の人を友とするこそ、こよなう慰むわざなる。」（『徒然草』第13段）

言語習得過程

(1) A striking aspect of many children's early vocabulary development is the way they overextend a word to refer to the objects that lie outside its normal range of application for adults. (2) For example, a child might use the word doggy to refer not only to all dogs but also to cows, horses, sheep, and cats. (3) The overextension of a particular word may last for some months, but often occurs only briefly before the child learns the correct names of the objects. (4) Furthermore, the child may overextend only some of his words; others will be used appropriately from the beginning. (5) In many cases it seems that the child has identified the meaning of the word with only one property of the object: its shape or sound or size. He then uses the word to refer to all objects sharing that property. (6) As the child learns more words, he adds other defining properties to his word meanings to distinguish them from one another. (7) When a child who overextends doggy to all four-legged creatures comes to learn the word cow, he may add to the property of four-leggedness the requirement that things called cow be relatively large and things called doggy be relatively small.

文章読解

(1) A striking aspect of many children's early vocabulary development is the way they overextend a word to refer to the objects that lie outside its normal range of application for adults.

【語句・構文解説】

●文構造は aspect … is … the way-節。
　　　　　　　(S)　　 (V)　　 (C)

●the way … the way how とは現代の英語ではとれず、how … / the way … /the way that … /the way in which…のいずれか。

●overextend 「拡張する、拡大する」

●refer to　refer は人の注意・関心を引くために直接にはっきりと人・物の名をあげるか、またはそれに言及する。

I often hear her refer to her childhood.
「彼女がよく子供時代のことを言うのを耳にする」

●lie　もういいだろうが lie は自動詞で本文では be 動詞と同じ用法。
lie-lay-lain-lying と活用、一方 lay はご存じのように他動詞で、
lay-laid-laid-laying と活用。

●application 「適用すること、(具体的には) 規則などの適用性、妥当性」

●for adults は normal range を修飾、application for と続くのではない。

【訳】

　多くの子供の幼い頃における語彙習得過程の際立った一面は、ある単語を著しく拡大して用い、大人が通常その単語を当てはめる範囲の妥当性を越えた対象を指し示すそのやり方である。

(2) For example, a child might use the word doggy to refer not only to all dogs but also to cows, horses, sheep, and cats.

【語句・構文解説】

●For example 「たとえば」

●might may と同様であるがもっと語調緩和。

●the word doggy 名詞と名詞で同格関係の例。「ワンワンという単語」

The verb "consent" is often accompanied by the preposition "to".

「consent という動詞にはよく to という前置詞が伴う」

●not only to all dogs but also to の説明はいいだろうが、二つの to は refer に続く。

【訳】

たとえば、ある子供が「ワンワン」という単語で、すべての犬を示すばかりか、牛、馬、羊、猫を示すために用いることがあるだろう。

(3) The overextension of a particular word may last for some months, but often occurs only briefly before the child learns the correct names of the objects.

【語句・構文解説】

●The overextension と定冠詞が付いているのは they overextend と前にあるから。

●may …, but の係り結びに注意。

●last 前に助動詞の may が付いているからわかるように動詞で「続く」。

●learns 三人称単数の s が付いているのは、副詞節のなかでは未来形の代わりに現在形を用いるため。

If it is fine tomorrow, we will play golf.

「明日天気が良ければ、ゴルフをする」

【訳】

ある特定の単語をこのように極端に拡張して用いることは、数カ月続くかもしれないが、しばしばこれが起きるのは、そういった子供が対象の正確な名前を習得する前のごく短い期間である。

139

(4) Furthermore, the child may overextend only some of his words; others will be used appropriately from the beginning.

【語句・構文解説】

● Furthermore 「Moreover、さらにまた」

● others the others とすると他のすべての語になってしまう。

Some say this, and others say that.

「こう言う人もいれば、ああ言う人もいる」

● appropriately 「適切に」

● from the beginning 「最初から」

【訳】

　さらにまた、そういった子供は自分の知っている単語のなかのほんの幾つかを極端に拡張するかもしれないが、その他の単語のなかには最初から適切に用いられている場合もあるだろう。

(5) In many cases it seems that the child has identified the meaning of the word with only one property of the object; its shape or sound or size. He then uses the word to refer to all objects sharing that property.

【語句・構文解説】

● In many cases 「For the most part、たいていの場合」

● it seems that 通常 it を主語に立て、特定の動詞と結びつく。

it seems that … / it appears that …

it happened that …「たまたま…だった」

it follows that …「…ということになる」

● identifly A with B 「A を B と同一視する、を結びつける」

He identified himself with the middle class.

「彼は自分を中流だと考えた」

●：の用法　コロン以下が one property の例示、同格となっている。

Many young women now wear jeans: trousers made of denim, cut very tight about the posterior

「今時の若い女性は、デニム製の腰回りがぴったりと裁断されたジーンズをはいている」

●sharing that property　は all objects を後置修飾。

【訳】

　多くの場合、そういった子供は、ある単語の意味を対象のたった一つの特性とだけ結びつける、つまりその形状とか音とか大きさに。それからは、その子はその特性を共有しているすべての対象を指し示すためにその単語を使う。

(6)　As the child learns more words, he adds other defining properties to his word meanings to distinguish them from one another.

【語句・構文解説】

●As　比例の As。「…するにつれて」

As one grows older, one becomes less talkative.

「年をとるにつれて、人は寡黙になる」

●add A to B　「B に A を加える」

add salt to a dish　「料理に塩を入れる」

●difining　「明確に定義する」define という他動詞から派生した現在分詞の形容詞、他の語を従えていないので properties の前に置かれている。

●word meanings　名詞と名詞で前の名詞が形容詞化したもの。

paper cup / boy student / girl friend

●them は his word meanings。

【訳】

　子供がさらに多くの単語を習得するにつれて、それらの単語の意味を相互に区別するために、それらの単語に、明確に定義づける他の特性を付け加える。

141

(7) When a child who overextends doggy to all four-legged creatures comes to learn the word cow, he may add to the property of four-leggedness the requirement that things called cow be relatively large and things called doggy be relatively small.

【語句・構文解説】

●come to do 努力しないで自然に「〜できるようになる」

I came to know him.「彼と知り合いになった」

努力を要する場合は learn to do となる。

He learned to swim.「彼は泳げるようになった」

●the word cow は前出の the word doggy と同様に、名詞と名詞で同格関係。

●add A to B 前出のこの語順、つまり動詞のあとに目的語がくるのが普通の語順で、英語の場合、長い要素をあとにもってくるという、強い規則がある。本文の場合 A は同格の名詞節を率いて the requirement that things called cow be relatively large and things called doggy be relatively small、B は the property of four-leggedness なので、要素の移動が生じ、add to B A の語順になっている。

We associate with Christmas the exchange of presents.

「プレゼントの交換といえばクリスマスを思い出す」

Happy is a child who has such a good mother.

(C) (V) (S)

「こんなに優しいお母さんをもっている子供は幸せだ」

●the property of four-leggedness の of は同格で「…という」。

the fact of my seeing him「私が彼に会ったという事実」

●the requirement that …の that-節は同格の名詞節を導く接続詞。

There is no proof that he stole it.

「彼がそれを盗んだという証拠はない」

●things called cow と things called doggy は共に過去分詞の後置修飾。

●2回出てくる be 要求・命令・主張・提案を表す動詞に続く that-節のな

142

かでは、should を用いるか、あるいは省略。

The court required that I (should) appear.

「裁判所は私に出頭せよと命じた」

She insisted that he (should) be invited to the party.

「彼女は彼をパーティーに招待すべきだと主張した」

上で述べた意味の動詞が名詞となり、しかも同格の that-節を従える場合も、should を用いるか、あるいは省略する。

He made a suggestion that we (should) all go for a picnic.

「彼は我々皆でピクニックに行こうと提案した」

Nobody supported his proposition that part of earnings (should) be pooled.

「儲けの一部を共同資金にするという彼の提案は誰も支持する者がなかった」

【訳】

「ワンワン」という単語を４本足の動物すべてに対して極端に拡張している子供が、「牛」という単語を身につけるようになると、「牛」と呼ばれるものは相対的に大きく「ワンワン」と呼ばれるものは相対的に小さいという必要条件を、４本足に付け加えるであろう。

全　訳

　多くの子供の幼い頃における語彙習得過程の際立った一面は、ある単語を著しく拡大して用い、大人が通常その単語を当てはめる範囲の妥当性を越えた対象を指し示すそのやり方である。たとえば、ある子供が「ワンワン」という単語で、すべての犬を示すばかりか、牛、馬、羊、猫を示すために用いることがあるだろう。ある特定の単語をこのように極端に拡張して用いることは、数カ月続くかもしれないが、しばしばこれが起きるのは、そういった子供が対象の正確な名前を習得する前のごく短い期間である。さらにまた、そういった子供は自分の知って

いる単語のなかのほんの幾つかを極端に拡張するかもしれないが、その他の単語のなかには最初から適切に用いられている場合もあるだろう。

　多くの場合、そういった子供は、ある単語の意味を対象のたった一つの特性とだけ結び付ける、つまりその形状とか音とか大きさに。それからは、その子はその特性を共有しているすべての対象を指し示すためにその単語を使う。子供がさらに多くの単語を習得するにつれて、それらの単語の意味を相互に区別するために、それらの単語に、明確に定義づける他の特性を付け加える。「ワンワン」という単語を4本足の動物すべてに対して極端に拡張している子供が、「牛」という単語を身につけるようになると、「牛」と呼ばれるものは相対的に大きく「ワンワン」と呼ばれるものは相対的に小さいという必要条件を、4本足に付け加えるであろう。

解　説

　東京学芸大学で出題された英文です。

　幼稚園時代に「仲間外れ遊び」を授業でやったことは覚えているでしょう。「犬、猫、狐、三輪車、のなかでどれが仲間外れでしょう」、と言えばたいていの児童は「三輪車」と答えます。つまり今読んだ文章のなかに書いてあるのと同様、4本足という特性に気がついているからです。もっともたまに「狐」をあげる子供がいて、わけを聞いてみると「狐は僕の家にいないけど、あとはみんなある」などと正しいけれど、幼稚園の先生にとっては困ってしまう子供もいないわけではありません。中学、高校で生物・化学を学習するときに、闇雲に覚えるのではなく、似た性質のもの同士を同類と分類して扱うように、この「仲間外れ遊び」とは、じつはカテゴリーの認識ということになります。つまり、この「仲間外れ遊び」が得意な子供は知的に優秀だということになるのです。文部科学省の規定により、文字は小学校から習いますので、いわゆる有名小学校の「お受験」では文字、まして漢字は出せないので、ここで昔から今日に至るまで登場するのが「仲間外れ遊び」なのです。幼児英才教育という名の下に幼稚園児を集め、親

には「子供に残せるのはお金ではなく、教育です」などともっともらしいことを言って、やたら高い授業料をぶん取っていた、まあ悪徳幼児教育所と言っていいような所で、大学生の頃アルバイト料がよかったので1年間働いたことがあるので、この間の事情は少しは知っています。「斎藤先生は大学院で児童心理学を研究している気鋭の研究者です」などと平気で嘘はつくし、私に講演をしろと言い、仕方がないので一夜漬けで児童心理の本を読み、100人ぐらいの母親を前にして話をしましたが、なかには私の話を熱心にノートを取っている人もいました。今考えると随分罪つくりなことをしました。「お受験」1カ月前になると、「これは特製です」と言って子供たちにローヤルゼリーを毎日飲むようにと売りつけたり、ひどいものでした。書いてはいけないことでしょうが、「フーテンの寅さん」で有名な渥美清の子供が通っていました。

さて、言葉を覚えるまでのほんの幼児期は、言語を介することなく事物と直接経験をしています、いわば『善の研究』のなかで西田幾多郎が述べている「純粋経験」のようなもので、経験そのものです。

ところで、言語学者のなかには、「言語的中間世界」というものを考えている人がいます。これは、言語を習得した大人が外界を認識しようとする際に創造されるもので、言語は命名行為などを通じて精神的中間世界と深くかかわるというものです。つまり大人は物そのものでなく、つまり純粋経験でなく、言語を通して外界と接するのです。逆に言うと言語を失ってしまうと、外界が認識できなくなってしまうのです。ロマーン・ヤコブソン（1896〜1982）という、ロシア人でアメリカで長いこと教壇に立ち、言語学、詩学、芸術などの分野における構造分析の開拓、発展に多大な寄与をし、膨大な著作を残している人の著作のなかに、『失語症と言語学』という本があり、翻訳されています。それによると、失語症は脳梗塞などによる、脳の言語機能障害で物の名前がなかなか出てこなくなる症状ですが、軽度のうちは大丈夫なのですが、重症になると言葉が出てこないばかりか、人格の崩壊にまで至ってしまうそうです。つまり言語を習得すると、私たちは事物と直接に接することを失ってしまい、言語なしには人間として生きてはいけないということなのです。「言語的中間世界」については、池上嘉彦の『意味の世界』が参考になります。

ついでに言っておくと、言語学に「サピア・ウォーフの仮説」というのがあります。エドワード・サピア（1884〜1938）とベンジャミン・リー・ウォーフ（1897〜1941）の二人のアメリカの人類学者・言語学者が提唱した学説で、この二人はおもにネイティブアメリカンを研究対象としていました。従来の学者が「いかなる言語によっても現実世界は正しく把握できるものだ」という、憶測を懐疑し「言語はその話者の世界観の形成の差異に関与するという、言語的相対的仮説」とも呼ばれているのが、「サピア・ウォーフの仮説」です。この仮説がどこまで正しいのかは、私にはわかりませんが、少し気になることがあります。たとえば、英語の brother / sister / uncle / aunt を訳すときに困ってしまうからです。ご存じのように日本は江戸時代以来儒教が支配的であり、家督相続は長男と戦前まで決まっていました。つまり、兄か弟かで、とりわけ武士の場合は決定的に違っていました。そういうわけで英語なら brother ですませてしまうことに、「兄」「弟」という違った名前がついているわけで、この言葉は我々日本人の思考になんらかの影響を及ぼしているはずです。uncle / aunt は平仮名で書けば「おじ、おば」ですが、たとえば父、母の兄に対しては「伯父」を、弟に対しては「叔父」の漢字を当てます。

　『「いき」の構造』のなかで九鬼周造が記しているように、ヨーロッパの言語には「いき」に相当する言葉はないそうです。九鬼は生来語学の才能が豊かであったばかりか、家庭の事情もありドイツ、フランスに足掛け7年間バロン・クキと呼ばれて留学しており、ドイツではハイデッガーにその哲学的才能を愛され、ハイデッガーは『言語についての対話』という対話形式の哲学書のなかで九鬼と「いき」についてかなり深く議論をしたことを記しております。フランスではベルクソン宅を2度訪問しています。1928年にブルゴーニュ地域圏のポンティニーという所で「時間の概念」について2回講演を行っており、それは『Propos sur le temps』という書名でパリで刊行されています。「いき」とは逆にフランス語の「エスプリ」というフランス人、フランス文化そのものを特徴づけている単語に正確に対応する単語は日本語にはありません。「いき」に正確に相当するフランス語がないがゆえに、「いき」という現象というか振る舞いがあっても、フランス人は気がつかない、と九鬼周造は記しています。

大義

(1) It is obvious that, in primitive communities, peasants, left to themselves, would not have parted with the slender surplus upon which the warriors and priests subsisted, but would have either produced less or consumed more. (2) At first, sheer force compelled them to produce and part with the surplus. (3) Gradually, however, it was found possible to induce many of them to accept an ethic according to which it was their duty to work hard, although part of their work went to support others in idleness. (4) By this means the amount of compulsion required was lessened, and the expenses of government were diminished. (5) The conception of duty, speaking historically, has been a means used by the holders of power to induce others to live for the interests of their masters rather than for their own. (6) Of course the holders of power conceal this fact from themselves by managing to believe that their interests are identical with the larger interests of humanity. (7) Sometimes this is true; Athenian slave-owners, for instance, employed part of their leisure in making a permanent contribution to civilization which would have been impossible under a just economic system.

文章読解

(1) It is obvious that, in primitive communities, peasants, left to themselves, would not have parted with the slender surplus upon which the warriors and priests subsisted, but would have either produced less or consumed more.

【語句・構文解説】

● It is obvious that… は It … that…の形式主語構文。

● that-節のなかが複雑です。大きな文構造は not … , but です。

● in primitive communities　primitive は「原始の」と「昔の」と大きく二つの意味があり、文脈で決めるしかない。

● would not have parted と仮定法過去完了が出てきたので、if-節に相当するものを探さなければならない。

● left to themselves は分詞構文で、分詞構文はしばしば文中にくる。
The child, (being) frightened at the sight of so many strangers, burst into tears.
　「知らない人がたくさんいるのを見て、わっと泣きだした」
受け身の分詞構文では being あるいは having been は普通省略。
Priced a little lower, these sneakers would sell well.
　「もう少し安くすれば、このスニーカーはよく売れるだろう」
Priced a little lower が if-節に相当する。
(being) priced = if they were priced となり、こう考えると left to themselves は文脈から (having been) left to themselves = if they had been left to themselves となることが見当つくだろう。

● leave は多義語で難しい単語。本文での用法は、
I leave the choice of his occupation to him.
　「職業選択は彼に任せよう」

● part with 「手放す」

●slender 「ほっそりした、(収入・食料などが) わずかな」

●surplus 「余剰」

●The poor family subsisted on charity.

　「その貧しい家族は施しを頼りに生活した」

　したがって upon which は subsisted に続く。

●warrior 「戦士」

●priest 「僧侶」

●would have either produced less or consumed more の仮定法過去完
了も前出と同じで、left to themselves が if-節の替わり。

●produced less or consumed more において比較の対象である than 以
下が省略されているのは文脈により明らかだから、本文では than they
did が省略。

　Students worked harder (than they do now) when I was in college.

　「私の学生時代には学生は (今より) もっと勉強した」

【訳】

　昔の社会において、もし小作農が放任されていたのならば、彼らは、戦士や僧
侶が生き延びるのに必要な、わずかな余剰を手放さずに、生産をもっと少な
くするか、消費をもっと増やすかのいずれかであったろうことは、明らかだ。

(2)　At First, sheer force compelled them to produce and part with the
surplus.

【語句・構文解説】

●sheer 「まったくの、むきだしの」

●His illness compelled him to stay indoors.

　「彼は病気のために家に閉じこもっていなければならなかった」

　sheer force compelled them to … は無生物主語なので訳に工夫がいる。

●produce and part with the surplus

　the surplus は produce と part with 両方の目的語。

149

【訳】

当初は、まったくの力ずくで、小作農たちにそうした余剰を生産させ手放させた。

(3) Gradually, however, it was found possible to induce many of them to accept an ethic according to which it was their duty to work hard, although part of their work went to support others in idleness.

【語句・構文解説】

● it was found possible to induce　は it ⋯ to の形式主語、これは受動態形であり、元に戻せば、

they found it possible to induce ⋯ となる。

(S)　(V) (O) (C)

● I tried to induce him to see a doctor but I failed.

「私は彼を説得して医者にかからせようとしたがだめだった」

● ethic　「倫理観」

● According to the weather forecast, it will snow tomorrow.

「天気予報によれば明日は雪だ」

according to which の which の先行詞は ethic。

according to which から文末までが ethic にかかるわけだが、そうすると膨大な文章を後ろから訳すことになり、日本語として不自然になるばかりか、筆者の思考順にも反するので、前から訳して「その倫理観によれば」と処理するとうまくいく。

● it was their duty to work　これも it ⋯ to の形式主語構文。

● although　以下の譲歩の副詞節も前から訳したほうが、無理のない日本語になる。私の経験からすると、できる限り前から訳したほうが自然な日本語になる。

● go to do　「⋯するのに役立つ」

That goes to show he is innocent.

150

「それで彼が無実であることがはっきりする」

● live in idleness = live a life of idleness　「無為に暮らす、のらくら暮らす」

【訳】

　しかしながら、徐々に、小作農の多くを説いてある倫理観を受け入れさせることが可能だということがわかった。その倫理観によれば一所懸命働くことは自分たちの義務である、もっとも自分たちの労働の一部は何もしていない人々を養うことになるのだが。

(4)　By this means the amount of compulsion required was lessened, and the expenses of government were diminished.

【語句・構文解説】

● means は単複同形だが意味が違う。

　①単数「手段、方法」　by fair means　「正当な手段で」

　②複数「富、財産、収入」　a man of means　「資産家」

● compulsion　「強制」

【訳】

　この手段により、従来要してきた強制の手間が少なくなり、政府の出費は軽減された。

(5)　The conception of duty, speaking historically, has been a means used by the holders of power to induce others to live for the interests of their masters rather than for their own.

【語句・構文解説】

● conception　「概念、考え」

● speaking historically　分詞の意味上の主語（一般の人々）を言い表さずに、慣用的に使われる。

　generally speaking　「一般的に言って」

biologically speaking　「生物学的に言うと」

●used by the holders of power は過去分詞の後置修飾で means を修飾。

●to induce は目的を表す不定詞の副詞的用法。

●interest　多義語だが、しばしば複数形で「利益、ため」。

●He is a writer rather than a scholar.

　「彼は学者というより文筆家だ」

●for their own (interests) と interests が省略されたもの。

【訳】

　歴史的にいって、義務の概念は権力を握った人間たちによって使われてきた手段であり、人々を自分のためというよりもむしろ主人のために生きるように仕向けたものである。

(6)　Of course the holders of power conceal this fact from themselves by managing to believe that their interests are identical with the larger interests of humanity.

【語句・構文解説】

●He concealed his anger from friends.

　「彼は友人に怒りを見せなかった」

●manage to do　「なんとかして…する」

He managed to walk a few steps.

　「彼はやっとのことで2、3歩、歩いた」

●are identical with …　「…と一致する」

His fingerprints were identical with those left on the door.

　「彼の指紋はドアに残されていた指紋と一致した」

●larger と比較級になっているが比較の対象である than their interests が省略されているのは、文脈により明らかだから。

【訳】

　もちろん、権力者たちは、自分たちの利益はより大きい人類の利益に一致

するのだと、なんとか信じ込むことで、この事実を自分自身にも見えないようにしている。

(7) Sometimes this is true; Athenian slave-owners, for instance, employed part of their leisure in making a permanent contribution to civilization which would have been impossible under a just economic system.

【語句・構文解説】

●true 「真実だ、当てはまる」。本文では後者の意味。

This is true of me.「このことは私にも当てはまる」

●for instance 「for example、たとえば」

●leisure 「レジャー、余暇」

入試では「余暇」の意味で使うことが圧倒的。

●make a contribution to … 「…に貢献する」

●would have been また仮定法過去完了が出てきた。 if-節に相当するのはどれだろう。

I think that picture would look better on the other wall (= if you hung it on the other wall).

「その絵はもう一方の壁に掛けたほうがもっと引き立つと思います」

副詞句が if-節に相当する例。

本文では under a just economic system がこれにあたる。

●whichの先行詞は文脈から contribution で civilization ではない。

【訳】

時として、このことが当てはまります。たとえば、アテネの奴隷所有者たちは、自分の余暇の一部を使うことにより文明に対して半永久的な貢献をしたが、これは公平な経済体制下であったなら不可能であったであろう。

153

全　訳

　昔の社会において、もし小作農が放任されていたのならば、彼らは、戦士や僧侶が生き延びるのに必要な、わずかな余剰を手放さずに、生産をもっと少なくするか、消費をもっと増やすかのいずれかであったろうことは、明らかだ。当初は、まったくの力ずくで、小作農たちにそうした余剰を生産させ手放させた。しかしながら、徐々に、小作農の多くを説いて、ある倫理観を受け入れさせることが可能だということがわかった。その倫理観によれば一所懸命働くことは自分たちの義務である、もっとも自分たちの労働の一部は何もしていない人々を養うことになるのだが。この手段により、従来要してきた強制の手間が少なくなり、政府の出費は軽減された。歴史的にいって、義務の概念は権力を握った人間たちによって使われてきた手段であり、人々を自分のためというよりもむしろ主人のために生きるように仕向けたものである。もちろん、権力者たちは、自分たちの利益はより大きい人類の利益に一致するのだと、なんとか信じこむことで、この事実を自分自身にも見えないようにしている。時として、このことが当てはまる。たとえば、アテネの奴隷所有者たちは、自分の余暇の一部を使うことにより文明に対して半永久的な貢献をしたが、これは公平な経済体制下であったなら不可能であったであろう。

解　説

　慶應義塾大学で出題された英文です。

　乳幼児は別として、人間は、いや個人・組織・企業・国家は大義名分がないと行動できないものなのです。利益を追求することが資本主義の企業にとっては当然なのですが、経営者は儲けたいから仕事をやっているとは言わず、社会のためですと言って自分たちの商業行為を正当化して、暴利を貪っているのです。

「盗人にも三分の理」という諺がありますし、子供でも叱られると、素直に謝ることはまずなくて「でも…」と必ず言いわけをして自己正当化しようとします。

毛沢東の政治行為のなかで最大の汚点であろう文化大革命のスローガンは「造反有理」つまり、造反するにもそれなりの理由があるということで、子供（紅衛兵の子供）が親を告発したり、都会の知識人を無理やり農村に送り込んで強制労働をさせたりしました。誠実で良心的であり優れた作家であった老舎は、文化大革命の最中に、紅衛兵の子供たちに寄ってたかって殴り殺されたのか、それを嫌って飛び下り自殺したのか、川に投身自殺したのか、説は様々ですが不自然死を遂げております。文化大革命では1000万人が犠牲になっているとのことです。

　政治家などの言動をみても、「日本のために命を捧げる覚悟です」などと自己の行為を正当化しながら、裏で闇献金を受け取っているではありませんか。

　本文にも書いてあるように義務というのは、権力者にとってはじつに好都合な言葉で、この言葉によって国民をどうとでもできるのです。義務の対義語である権利という言葉は企業の経営者であれ、政治家であれ、そして教師の場合だって好まないものです。

　帝国主義国家による植民地支配などどう考えても、ひどいものですが、文化的に遅れているアジア・アフリカ諸国を近代化させるのが近代国家の義務なのだという大義名分のもとに植民地経営は行われました。イギリス人がもっとも恥じている戦争は第二次ボーア戦争だそうです。ボーア人が建てた南アフリカ共和国で膨大な金とダイヤモンドが発見され、それに目が眩んだイギリスが何一つ理由もないのに1899年に戦争を仕掛け、南アフリカ共和国支配を意図したのです。大義名分がないことは当事者のイギリス兵にもわかっており、なかなか戦意が高揚せず、多くの戦死者を出しています。帝国主義戦争の典型で当時、国際的な非難を浴びました。

　日清・日露戦争は欧米列強からアジアを解放するのだという名目ではあったが、本当の目的は朝鮮半島の支配という帝国主義戦争でありました。その証拠にのちに朝鮮併合を行っています。その後は、戦線を拡大して中国はおろか、東南アジアにまで進出し、そしてついには太平洋戦争に突入し、結果として東アジアに多大な被害を与えました。また「神州不滅」「八紘一宇」「大東亜共栄圏」などという意味のはっきりしない標語を掲げて、戦争を正当化していました。いちいち名前はあげませんが、大半の作家・詩人・評論家は政府宣伝の御用文士となり、画

家・学者、とくに京都大学の哲学者は御用学者として日本の侵略戦争を「聖戦」と呼び戦争に協力しております。誰がどのように戦争を賛美し協力したかは、簡単に調べることができます。敗戦後は臆面もなく民主主義を声高に唱えましたが、緩やかにしかし確実に、日本の社会は民主主義が後退し、現実が憲法に近づくのではなく、憲法の際限のない拡大解釈が現実に近づき、右傾化が進み、なし崩しの再軍備と軍事同盟の強化の傾向が見られます。すると彼等は戦前に戻ったかのように、政府のこの右傾化を支持するようになっています。彼らは、時の政府の方針に迎合するということに関しては、じつに見事に終始首尾一貫しております。

　ユダヤ人迫害は何もナチスドイツだけでなく3000年以上にわたるヨーロッパの恥部でありますが、ナチスドイツが何百万という単位でユダヤ人を殺害したのも、「ゲルマンの純潔の血を守れ」という身勝手な神話によるもので、何はともあれ正当化が必要だったのです。

　子供がまだ小さかった頃に、家族旅行に行ったことがあります。ホテルに泊まったのですが、そこにゲームセンターがありまして、当然のことながら子供はそこで遊びました。500円までということでお金をあげたのですが、すぐに使いきってしまい、私としてはこれで部屋に戻ってビールでも飲めると思っていたのですが、どうやらどうしても「モグラ叩き」をやりたいらしいのです。「だめだ」と素っ気なく言うのもなんなので、「モグラさんは何も悪いことをしていないのに叩くのはイタイイタイで可哀相だよ」と言いますと、息子も納得しないわけにはいきませんでしたが、それでも未練があるようで、なかなか「モグラ叩き」の前から離れませんでした。しばらくして、急に思いついたのか「お父さん、モグラは黒い眼鏡をしているから悪い奴だ」と言いました。確かにサングラスをかけたロックンロール族のいでたちです。そこまで考えたのだから、仕方がないので、1回だけやらせました。そういえば「ワニ叩きゲーム」という似たようなゲームはありますが、「赤ちゃん叩き」や「コアラ叩き」はありませんね。

⟨No.19⟩

文明の歴史

(1) While the state of which we happen to be citizens makes more concrete and more imperious claims on our allegiance, especially in the present age, the civilization of which we are members really counts for more in our lives. (2) And this civilization of which we are members includes at most stages in its history the citizens of other states besides our own. It is older than our own state; the Western civilization is about thirteen hundred years old, whereas the Kingdom of England is only one thousand years old, the United Kingdom of England and Scotland less than two hundred and fifty, the United States not much more than one hundred and fifty. (3) States are apt to have short lives and sudden deaths: the Western civilization of which you and I are members may be alive centuries after the United Kingdom and the United States have disappeared from the political map of the world like their late contemporaries, the Republic of Venice and the Dual Monarchy of Austria-Hungary. (4) This is one of the reasons why I have been asking you to look at history in terms of civilization, and not in terms of states, and to think of states as rather subordinate and ephemeral political phenomena in the lives of the civilization in whose bosoms they appear and disappear.

文章読解

(1) While the state of which we happen to be citizens makes more concrete and more imperious claims on our allegiance, especially in the present age, the civilization of which we are members really counts for more in our lives.

【語句・構文解説】

● while は意味が三つある。

　① 〜するとき。

　② 文頭に置かれて譲歩の副詞節になる「〜ではあるが」、本文はこの例。

　　 While I admit the task is difficult, I don't think that it is impossible.

　　 「その仕事が困難なことは認めるが不可能とは思わない」

　③ 主節の後方に置き、対比を表して「ところが一方、しかるに」。

　　 He likes sports, while I like books.

　　 「彼はスポーツが好きだが、一方私は本が好きだ」

● happen to 「たまたま…である」

● of which は citizens にかかる。

● imperious = urgent, pressing 「性急な」

● claims = demand 「要求」 make claims on A 「Aを要求する」

● allegiance = being faithful and doing one's duty 「忠誠」

● the civilization of which we are members は the state of which we happen to be citizens と同じ構文である。

● counts for more 「より重要である」

【訳】

　我々がたまたまその国民である国家は、とりわけ現代において我々に国家への忠誠をますます具体的でより性急に求めてきているが、我々がその一員である文明のほうがじつはより重要になってきている。

(2) And this civilization of which we are members includes at most stages in its history the citizens of other states besides our own. It is older than our own state; the Western civilization is about thirteen hundred years old, whereas the Kingdom of England is only one thousand years old, the United Kingdom of England and Scotland less than two hundred and fifty, the United States not much more than one hundred and fifty.

【語句・構文解説】

● this civilization of which we are members は冒頭の the state of which we happen to be citizens と同じ文構造。

● at most stages 「たいていの段階で」

● whereas主節と対照・反対の節を導き「…であるのに」。

Some people like coffee, whereas others like tea.
「コーヒーを好きな人もいるが紅茶を好きな人もいる」

● not much more than … 「…足らず」

【訳】

そして我々がその一員である文明は、その文明の歴史のなかのたいていの段階で、我々自身の国家のほかに他の国家の国民たちをも含んでいる。文明は我々自身の国家よりも古い。西欧文明はおよそ 1300年であるが、イギリス王国はわずか 1000年にすぎず、イングランド・スコットランド連合王国は 250年にもならず、合衆国に至ってはせいぜい 150年足らずである。

(3) States are apt to have short lives and sudden deaths: the Western civilization of which you and I are members may be alive centuries after the United Kingdom and the United States have disappeared from the political map of the world like their late contemporaries, the Republic of Venice and the Dual Monarchy of Austria-Hungary.

【語句・構文解説】

● are apt to 「~しがちである」この are apt to は be liable to と同じくどちらかと言うと好ましくない場合に用いられがちで、be likely to は中間的。

He is apt to forget people's names.

「彼は人の名前をよく忘れる」

● like ここでは形容詞として働き「(たとえば) …のような / such as」。

fruit, like apples and pears 「たとえば林檎、梨のような果物」

● late には二つの意味がある「遅い、今は亡き」。

late dinner 「遅い夕食」

my late husband 「私の亡き夫」

their late contemporaries 「すでに滅びた同輩」

● the Republic of Venice 「ベニス共和国」

中世以来ベニスを中心にして北イタリア、小アジアに領土をもっていたが、1797年ナポレオンによって解体され、のちイタリア王国に合併された。

● the Dual Monarchy of Austria-Hungary

「オーストリア・ハンガリー連合王国」

普墺戦争後、ハンガリーのマジャール人の建てたハンガリー王国の王位をオーストリア国王が兼ねることによって生まれた連合王国、1919年に解体された。

【訳】

国家は命が短く突然滅びがちである。皆さんや私が一員である西洋文明は、イギリス連合王国や合衆国がすでに滅びた同輩であるベニス共和国、オーストリア・ハンガリー連合王国のように、世界の政治地図から姿を消してしまったのちでも、何世紀も生存しうるのである。

(4) This is one of the reasons why I have been asking you to look at history in terms of civilization, and not in terms of states, and to think of states as rather subordinate and ephemeral political phenomena in the lives of the civilibation in whose bosoms they appear and disappear.

【語句・構文解説】

● asking you to look …, and to think of と and は to を ask とつなげている。

● in terms of 「…の点から、…の観点から」

He sees life in terms of money.

「彼は人生を金銭の面から見る」

● think of A as B = look on A as B = regard A as B「A を B と見なす」

We think of him as our captain.

「我々は彼をキャプテンと見なしている」

● subordinate = lower in rank or importance 「従属的な」

● ephemeral = fleeting, short-lived 「はかない、短命な、つかの間の」

● phenomena phenomenon の複数形。「現象」

● they appear and disappear の they は states。

【訳】

このことが、私が歴史を国家という観点からでなく、文明という点から眺めてもらいたいし、国家というものが姿を現し、そして消えていくような文明の生命のなかにあっては、国家はむしろ従属的ではかない政治現象として考えてもらいたいと願っている理由なのだ。

全 訳

我々がたまたまその国民である国家は、とりわけ現代において我々に国家への忠誠をますます具体的でより性急に求めてきているが、我々がその一員である文明のほうがじつはより重要になってきている。そして我々がその一員である文明は、その文明の歴史のなかのたいていの段階で、我々自身の国家のほかに他の国家の国民たちをも含んでいる。文明は我々自身の国家よりも古い。西欧文明はおよそ1300年であるが、イギリス王国は僅か1000年にすぎず、イングランド・スコットランド連合王国は250年にもならず、合衆国にいたってはせいぜい150年

161

足らずである。

　国家は命が短く突然滅びがちである。皆さんや私が一員である西洋文明は、イギリス連合王国や合衆国がすでに滅びた同輩であるベニス共和国、オーストリア・ハンガリー連合王国のように、世界の政治地図から姿を消してしまったのちでも、何世紀も生存しうるのである。このことが私が歴史を国家という観点からでなく、文明という点から眺めてもらいたいし、国家というものが姿を現し、そして消えていくような文明の生命のなかにあっては、国家はむしろ従属的で、はかない政治現象として考えてもらいたいと願っている理由なのだ。

解　説

　Arnold Joseph Toynbee（1889～1975）の The History of a Civilization が出典です。トインビーはおそらく 20世紀最大の歴史家の一人でしょう。その大著『歴史の研究』全 25巻において史上に現れた諸文明の生成・発展・崩壊の過程を比較研究することにより、文明形成の一般法則を体系づけています。といっても私が『歴史の研究』全 25巻を読んだわけではなく、読んだのは中央公論社から刊行されている『世界の名著』のなかにある 1巻になっている縮尺版の『歴史の研究』と『世界と西欧』です。『世界と西欧』は小冊子ですが、歴史的思考とはこういうものかと、学生の頃読んで感心しました。翻訳は「現代教養文庫」に入っていたのですが、今は絶版になっているので、古本屋か図書館で見つけてください。

　本文に書いてあるように、国家ではなく、より大きな単位の文明という立場から歴史を考察しているわけで、トインビーの本を読むと、歴史とは暗記ではなく道理（まるで、慈円の『愚管抄』みたいですね）を考えることだと痛感します。センター試験の日本史、世界史はどう考えても暗記でしかない、もしこれが歴史だと思っている諸君がいたら、とても残念なことです。暇になったら、アナール派の研究方法を取り入れている、網野善彦の『無縁、公界、楽』、阿部謹也の『ハーメルンの笛吹き男』や、古典的名著とされているヨハン・ホイジンガの

『中世の秋』、『ホモ・ルーデンス』（＊文化の根底には「遊び」があるという洞察と哲学、人間学、文化人類学、歴史学、言語学、諸芸術の各分野にわたって論証し、綿密な思索と文献学的処理の上に学問的想像力を存分に活用しているこの本を高橋英夫が翻訳した際に、ゲラ刷りの段階から近代日本が生んだ奇蹟的碩学である林達夫が厳格な校閲をしたのは、また一つの精神のドラマです。詳しくは高橋英夫の『わが林達夫』を参照してください。）、ヤーコップ・ブルクハルトの『イタリア・ルネサンスの文化』などを読んで、歴史の真の面白さを発見してください。

　さて、学校で教えられている日本史では政権の交代ごとに時代を分けています。奈良時代、平安時代、鎌倉時代、室町時代、安土桃山時代、徳川時代などです。しかし、これらの時代で日本史が区分されるのはいささかおかしいのです。つまり、これらの時代のなかで真に文明の断絶があったのはいつだという問題です。貴族文化を代表する『源氏物語』の本質は本居宣長が述べているように「もののあはれ」でしょう、しかし時代が移ると「もののあはれ」ではすまなくなり「かなし」そして「はかなし」と移行してくるのですが、これでも足りず、道元の「常無きことこそが常」つまり「無常」にまで至るのです。平安時代末期と鎌倉時代初期に大きな文化の断絶が生じたことは、この時代に法然、親鸞、一遍、道元、日蓮という宗教的な天才たちが輩出しているように、民衆たちがこれまでと違う何かを求めていたことを示しています。つまり、この時代がトインビーのいう、日本文明の断絶なのでしょう。

　この間のことについては、唐木順三の『無常』という、評論というか哲学的随想を読むとよく理解できると思います。唐木順三も最近はあまり読まれなくなりましたが、『無用者の系譜』といって在原業平が主人公の『伊勢物語』のなかの有名な第９段の「東下り」つまり「昔、男ありけり、その男身をえうなきものに思ひなして、京にはあらじ、東のかたに住むべき国求めにとて行きけり。」から始めて、身を用なきものと思った日本史上の人物について考察した力作の評論があります。学生時代の頃、私など夢中になって読んだものですが、時代が変わってしまったのでしょうか。

⟨No.20⟩

フランスとイギリスの子供の躾

(1) The French child, boy or girl, gives one the impression of being intellectually more precocious than the product of the chillier English climate. This precocity is encouraged by his upbringing among adults, not in a nursery. (2) English parents readily adapt their conversation to the child's point of view and interest themselves more in his games and childish preoccupations. (3) The English are, as regards national character, younger than the French, or to put it another way, there is in England no deep division between the life of the child and that of the grown man. (4) The art of talking to children in the kind of language they understand is so much an English art that most of the French children's favourite books are translations from the English. (5) French parents, on the other hand, do their best to develop the child's intelligence as rapidly as possible. (6) They have little patience with childish ideas even if they do not go so far as to look upon childhood as an unfortunate but necessary prelude to adult life. (7) Not that they need to force the child, for he usually lends himself willingly to the process, and enjoys the effect of his unexpectedly clever remarks and quaint sayings and of his sharp judgement of men and things. (8) It is not without significance that the French mother instead of appealing to the child's heart

by asking him to be good appeals to his reason by asking him to be wise.

文章読解

(1) The French child, boy or girl, gives one the impression of being intellectually more precocious than the product of the chillier English climate. This precocity is encouraged by his upbringing among adults, not in a nursery.

【語句・構文解説】

● 前半の文構造は、The French child (S)…gives (V) one (O) the impression (O) の第4文型。

● boy or girl の or は譲歩を表す or で「…であれ…であれ」、対等の語・句が or で結ばれ、それが挿入されていたら、たいてい譲歩。sooner or later 「遅かれ早かれ」のように熟語になっているものもある。

　In scientific research, an error, great or small, is always dangerous.
　「科学の研究では、大きなものであれ、小さなものであれ、過ちは常に危険だ」

● one　冠詞も修飾語句を伴わずに、話者をも含んだ「一般の人」を指す。
　One must obey one's parents.
　「親には従わねばならない」
　この訳文のように、訳すときには省略したほうが、日本語らしくなる。

● the impression of …の of は同格で「…という」。
　the fact of my seeing him 「私が彼と会ったという事実」

● precocious 「早熟な、名詞形は次の文の precocity」

● product は文脈により child。

165

●the chillier　chillier という比較級に the という定冠詞がついているのは、文外に of the two があるとき。
　Look at these two watches. Which is the cheaper (of the two)?
　「この二つの時計を見てください。どっちのほうが安いかしら」
●encourage　「助長する」
●upbringing　「養育、躾」
●nursery　「子供部屋」
【訳】
　男の子であれ女の子であれ、フランスの子供のほうが、より寒冷なイギリスの気候のもとで生まれた子供より、知的には早熟だという印象を与える。この早熟さは、子供が子供部屋でなく、大人たちの間で育てられることによって助長されている。

(2)　English parents readily adapt their conversation to the child's point of view and interest themselves more in his games and childish preoccupations.

【語句・構文解説】
●adapt A to B　「A を B に合わせる、適合させる」
　You must adapt method to circumstance.
　「方法を事情に合わせなければいけない」
●point of view　「ものの見方」
●and interest の interest の主語は English parents。
●interest oneself in …「…に興味をもつ」
　I began to interest myself in politics.
　「政治が面白くなり始めた」
●his はフェミニズム運動でうるさい人は、his or her とすべきだと主張している。
●more の比較の対象は省略されている than French parents。

166

●preoccupations 「夢中になっていること」。複数形なので具体的なものとなる。

【訳】

　イギリスの親たちは、すぐに自分たちの会話を子供のものの見方に合わせ、子供の遊びや子供が夢中になっていることに、より興味をもつ。

(3)　The English are, as regards national character, younger than the French, or to put it another way, there is in England no deep division between the life of the child and that of the grown man.

【語句・構文解説】

●English　形容詞で「イギリスの」the English とすると the rich, the young と同じように複数形で「イギリス人」。

●as regards 「…に関しては、concerning、as far as … is concerned」
As regards the result, you need not worry so much.
「結果についてはあまり心配いりません」

●young　中学1年生でも知っている単語だが「若い、幼い」の二つの意味があるので文脈から訳語を決めなければならない。諸君も young だし、昨日生まれた赤ん坊も young。

●put 「表現する、述べる」
To put it briefly, … 「手短に言えば…」

●another way 「in another way、別のやり方で」

●deep division 「大きな隔たり」

●that of the grown man の that は the life。

【訳】

　国民性に関しては、イギリス人はフランス人より幼い。別の言い方をすれば、イギリスには子供と大人の生活の間に大きな隔たりがない。

167

(4)　The art of talking to children in the kind of language they understand is so much an English art that most of the French children's favourite books are translations from the English.

【語句・構文解説】

●文構造は The art (S) is (V) an English art (C) で、それに so much … that がからんでいるもの。

●too / as / to+形容詞＋a+名詞　不定冠詞aの位置に注意。

I've never known so wet a summer.

「こんな雨の多い夏は初めてだ」

She is so kind a girl that everybody loves her.

「彼女はとても親切な子で誰もが好いている」

●art　ここでは「芸術」でなく special skill, special ability「得意とする能力」。

●favourite　「好みの、お気に入りの」

●from the English は後ろに books が省略されたもの。

【訳】

　　子供にわかるような言葉で話しかけるやり方は、イギリス人のお手のものなので、フランスの子供のお気に入りの本のほとんどは英書からの翻訳本である。

(5)　French parents, on the other hand, do their best to develop the child's intelligence as rapidly as possible.

【語句・構文解説】

●on the other hand　「一方、それに対して」

●do one's best　「最善を尽くす」

【訳】

　　一方、フランスの親は子供の知性をできるだけ早く発達させることに最善を尽くす。

(6) They have little patience with childish ideas even if they do not go so far as to look upon childhood as an unfortunate but necessary prelude to adult life.

【語句・構文解説】

●have patience with … 「…を忍耐する」

I have no patience with him.

「あいつにはとても我慢できない」

●little　名詞の前に置き「ほとんど…ない」。

I can read little French.

「フランス語はほとんど読めない」

●even if 「たとえ…しても」

Even if you do not like it, you must do it.

「たとえ嫌でも君はそれをしなければならない」

●go so far as to do 「…しさえする」

I won't go so far as to say that she is a fool.

「彼女が馬鹿だとまでは言わない」

●look upon A as B 「think of A as B , regard A as B、AをBとみなす」

●necessary 「必然の、避けがたい」 a necessary evil 「必要悪」

【訳】

　子供時代を大人の生活への、不幸ではあるが避けがたい前段階とまではみなさないとしても、フランスの親は子供っぽい考えに対してはほとんど容赦しない。

(7) Not that they need to force the child, for he usually lends himself willingly to the process, and enjoys the effect of his unexpectedly clever remarks and quaint sayings and of his sharp judgement of men and things.

169

【語句・構文解説】

● Not that … 「といって…というわけではない」

What is he doing now ? Not that I care.

「彼は今、何をしているのだろう、といって別に私は気にかけているわけではないのだが」

● need to do 「…する必要がある (must と ought to の中間的意味)」

You need to go.「行く必要がある」

● for以下の構文は、he (S)…lends (V₁)… , and enjoys (V₂) …。

● lend oneself to A 「(人が) …に加わる、力を貸す」

● the processとは、前出のthe process of developing the child's intelligence as rapidly as possible のこと。

● the effect of … and of his sharp …と effectには ofが二つかかる。

● quaint 「odd、風変わりな、奇抜な」

● saying 本文では「諺」ではなく「言い回し」。

● his sharp judgement of men and things

いわゆる名詞構文といわれるもので、これを文にすれば、He sharply judges men and things となる。

his deep love of nature = He loves nature deeply

【訳】

だからといって、子供に無理強いをする必要はない。というのも、子供はこの成長過程に通常自ら喜んで加わり、自分の思いもよらない気の利いた意見や奇抜な言い回し、そして人や物に対する自分の鋭い判断の結果を楽しむのである。

(8) It is not without significance that the French mother instead of appealing to the child's heart by asking him to be good appeals to his reason by asking him to be wise.

【語句・構文解説】

●It … that の形式主語構文であって、It is … that の強調構文ではない。

●that 節では the French mother (S) … appeals (V)。

●instead of …　「…の代わりに」

●appeal to A　「Aに懇願する、Aに訴えかける」

　He appealed to us for help.

　「彼は私たちに支持を請うた」

●heart　本文では reason との対比として使われているので「心臓」ではなく「心情」。

●by asking の by は手段を示す。

【訳】

　フランスの母親が、「良い子」になりなさいと子供の心情に訴えかけるのでなく、「賢い子」になりなさいと子供の理性に訴えることは、意味のないことではない。

全　訳

　男の子であれ女の子であれ、フランスの子供のほうが、より寒冷なイギリスの気候のもとで生まれた子供より、知的には早熟だという印象を与える。この早熟さは、子供が子供部屋でなく、大人たちの間で育てられることによって助長されている。イギリスの親たちは、すぐに自分たちの会話を子供のものの見方に合わせ、子供の遊びや子供が夢中になっていることに、より興味をもつ。国民性に関しては、イギリス人はフランス人より幼い。別の言い方をすれば、イギリスには子供と大人の生活の間に大きな隔たりがない。子供にわかるような言葉で話しかけるやり方は、イギリス人のお手のものなので、フランスの子供のお気に入りの本のほとんどは英書からの翻訳本である。一方、フランスの親は子供の知性をできるだけ早く発達させることに最善を尽くす。子供時代を大人の生活への、不幸ではあるが避けがたい前段階とまではみなさないとしても、フランスの親は子供

171

っぽい考えに対してはほとんど容赦しない。だからといって、子供に無理強いをする必要はない。というのも、子供はこの成長過程に通常自ら喜んで加わり、自分の思いもよらない気の利いた意見や奇抜な言い回し、そして人や物に対する自分の鋭い判断の結果を楽しむのである。フランスの母親が、「良い子」になりなさいと子供の心情に訴えかけるのでなく、「賢い子」になりなさいと子供の理性に訴えることは、意味のないことではない。

解　説

　一橋大学で出題された英文です。

　子供を甘えるだけ甘えさせている日本と異なり、フランスは大人中心の社会です。子供をベビーシッターに預け、留守番させて、夫婦だけで劇場に行ったり、レストランで食事をするのは、日常茶飯事です。子供の躾は、それこそ犬の躾と同じようなものです。少し前までは、小学校の教師は鞭をもって子供を指導していました。犬といえば、フランスでは、通りやレストランでも見かけますが、日本の犬と違い吠えかかることもなく、おとなしいものです。こんなわけで、フランスの子供は早く大人になろうとします。早熟の天才がフランスに多く輩出しているのは、このせいかもしれません。

　早熟といえば、17世紀のパスカルが第一に思い浮かびます。10代で早くもヨーロッパで名声を博していました。17歳で『円錐曲線論』を出版し、19歳では計算機を発明していますし、数学的帰納法という巧妙な考え方もパスカルによるものですし、確率論を始めたのも彼です。生涯に2度デカルトにも会っています。また、トリチェリーよりも正確に気圧を測定しており『真空論』を著し、今日気圧を示すのにミリバールでなくヘクトパスカルとパスカルの名前が付けられています。パスカルはその後、決定的な宗教的回心をし、ポール・ロワイヤル修道院に入り、有名な『パンセ』を残しています。数学の天才といえば、19世紀前半のガロアをあげないわけにはいかないでしょう。中学校で習う二次方程式の解法は古代バビロニアですでに発見されています。三次方程式・四次方程式の解法は

16世紀のカルダーノらによって発見されました。となると次は五次方程式の一般解を見つけることに数学者の関心は向きましたが、どうしても見つからないのです。300年の歳月が流れて19世紀になり、群論の概念を用いて五次以上の方程式には一般解がないことを証明したのは弱冠20歳のガロアでした。しかし、ガロアはつまらない女に引っ掛かり、その恋愛事件がもとで決闘し20歳で命を落としています。

　文学の世界では、なんといってもアルチュール・ランボーです。諸君のなかにもすでに読んだ人がいるかもしれませんが、全世界の現代詩人が一度は体験する衝撃となる詩を、遅くとも20歳までに書いて筆を折っています。『酔いどれ船』『地獄の一季節』『イリュミナシオン』の詩集が残されています。日本でランボーに衝撃を受けた最初の人は中原中也とその友人だった、小林秀雄です。二人ともランボーの詩を訳しています。1年ぐらいフランス語を勉強すると、小林秀雄の訳には誤訳があることに気がつくのですが、それでもいわゆる学者の語学的には正確な訳詩よりも、小林訳のほうが魅力があります。もう一人はこれもなんといっても、レイモン・ラディゲです。『肉体の悪魔』を書いたのは18歳で、20歳のときの作品『ドルジェル伯の舞踏会』は、その表現の簡潔さは、250年前に書かれたラ・ファイエット夫人の『クレーヴの奥方』の伝統を継ぐ心理小説の傑作で、古典的完成ぶりは奇跡のようです。どう考えても、恋愛経験豊かな40代の女性が書いた作品に思えてなりません。堀口大學訳のこの『ドルジェル伯の舞踏会』をそれこそ愛読していたのが、学習院時代の若き三島由紀夫で、ラディゲは三島に深い影響を与えています。三島に『ラディゲの死』という小説があるのも、その現れの一つです。ラディゲは腸チフスに罹り、20歳で亡くなりましたが、11歳年下のこのラディゲを愛していたのが、ジャン・コクトーで、ラディゲの死の衝撃と失望によりコクトーは麻薬中毒になっているほどです。

　本文にも書いてあるように、フランスでは児童文学はほとんどありません。しいてあげれば、『眠れる森の美女』『青髭』『シンデレラ』『長靴をはいた猫』の作者である、シャルル・ペローぐらいでしょう。アントワーヌ・ド・サン＝テグジュペリの『星の王子さま』があるではないかと、おっしゃる方がいるかもしれませんが、これは大人のための童話です。その証拠に献辞の冒頭に「わたしは、こ

の本を、あるおとなの人にささげたいが、子どもたちには、すまないと思う」と書かれています。

　イギリスは伝統的に児童文学の宝庫です。『マザー・グース』から始まり、バーネットの『小公子』『小公女』『秘密の花園』、オスカー・ワイルドの『幸福の王子』、ルイス・キャロルの『不思議の国のアリス』、ヒュー・ロフティングの井伏鱒二訳で有名な『ドリトル先生』シリーズ、ジェームズ・マシュー・バリーの『ピーター・パン』、A.A.ミルンの『クマのプーさん』シリーズ、ヘレン・ビアトリクス・ポターの『ピーターラビット』、C.S.ルイスの『ナルニア国物語』、そして最近では世界的ベストセラーになっているJ.K.ローリングの『ハリー・ポッター』など、次々と名前が出てきます。

太母
<ruby>太<rt>たい</rt></ruby><ruby>母<rt>ぼ</rt></ruby>

(1) When Red Riding Hood visits her grandmother she finds that a wolf has wrongfully taken the grandmother's place. The protective, kindly figure has been replaced by a dangerous and destructive creature. It is this exchange of figures which makes the story particularly alarming. (2) To meet a wolf unexpectedly is frightening enough, but to find that one's loving grandmother has turned into this terrifying beast is to add to the situation that basic insecurity which springs from a sudden loss of trust in a person upon whom one relies.

(3) To treat the wolf and the grandmother as opposite aspects of the same person may appear nonsensical to some readers. (4) Red Riding Hood does not realize, any more than any other small child can be expected to recognize, that grandmotherly care and kindness which cherish and support the dependent young can, if overdone, turn into possessiveness and overprotection of a kind which prevents the child from developing into a separate person, and therefore threaten to swallow it, as the wolf actually does in the original story. (5) Yet protection and restriction are linked together inseparably; and the very person upon whom the child depends for its safety can easily become a tyrant if the child fails to escape from the excessive concern.

文章読解

(1) When Red Riding Hood visits her grandmother she finds that a wolf has wrongfully taken the grandmother's place. The protective, kindly figure has been replaced by a dangerous and destructive creature. It is this exchange of figures which makes the story particularly alarming.

【語句・構文解説】

● kindly 「(目下のものに対して) 親切な、優しい」

● figure 多義語で訳すのに苦労する単語の一つ。

「(通例修飾語を伴い) 重要な人物」

He became a familiar figure to the townspeople.

「彼は町の人たちにとってなじみの深い人になった」

● It is … which 典型的な強調構文で本文では主語を強調。

ご存じのように強調できるのは (代) 名詞と副詞要素。

● makes the story particularly alarming

　(V)　　　(O)　　　　　(C)

典型的な第5文型。

● alarming alarm から派生した分詞形容詞「不安にさせる」。

【訳】

赤頭巾ちゃんがお婆さんを訪ねると、狼が不当にもお婆さんに取って代わっているのに気づく。自分を守ってくれる優しい人物が、危険で危害を加える生き物に取って代わられていたのだ。この物語がとりわけ不安にさせるのは、このように人物が入れ替わる点である。

(2) To meet a wolf unexpectedly is frightening enough, but to find that one's loving grandmother has turned into this terrifying beast is to add to the situation that basic insecurity which springs from a sudden loss of trust in a person upon whom one relies.

【語句・構文解説】

◉frightening　frightenから派生した分詞形容詞。「怖がらせる」

◉To meetは不定詞の名詞的用法でisの主語。

◉but以下の構文は複雑なようだが、基本は不定詞の名詞用法が主語、補語になったもの。

To see is to believe.「見ることは信じること、百聞は一見にしかず」

to find … is to add …

　(S)　　(V)　(C)

◉one'sのoneは、「話者を含む一般の人」。

◉loving　「愛情のある、愛のこもった」

◉terrifying　「恐るべき、ぞっとするような」

◉add A to B　「BにAを加える」　add salt to a dish　「料理に塩を加える」

ところで、英語には長い要素は後ろに置くという強い規則が働く。

本文ではAはthe situationでBは関係代名詞を伴う。

that basic insecurity which springs from a sudden loss of trust in a person upon whom one reliesという長大な語句なのでadd to B Aの語順になっている。

We associate with Christmas the exchange of presents.

　「クリスマスといえばプレゼントの交換を思い出す」

Happy is a child who has such a kind mother.

　(C)　(V)　(S)

　「こんなに優しいお母さんのいる子は幸せだ」

◉that basic insecurity which…　この形容詞thatは後方照応的用法で指示性は弱く先行詞を明示するもの。

She smiled with that look of motherly tenderness which is natural to all women from birth.

「生まれたときからすべての女性に備わっている母性的なあの優しさを顔

177

に浮かべて彼女はにっこり笑った」

● insecurity 「不安」

● Errors often spring from carelessness. 「誤りはしばしば不注意から生じる」

● We have trust in Tom. 「我々はトムを信用している」

● You may rely upon his judgement. 「彼の判断は信頼してよい」

したがって upon whom は relies にかかる。

【訳】

不意に狼と出会うことは十分に怖い、しかし自分を愛してくれるお婆さんがこの恐ろしい獣に変わっていることに気づくことは、この状況に、頼りにしている人に対する信頼を突然に失ったことから生じる根本的な不安を付け加える。

(3) To treat the wolf and the grandmother as opposite aspects of the same person may appear nonsensical to some readers.

【語句・構文解説】

● To treat … は前文と同じ不定詞の名詞的用法で appear の主語。

● I treated his words as a warning. 「彼の言葉を警告と受け取った」

● opposite 「正反対の、相反する」

● nonsensical 「馬鹿げた」

● some readers 「何人かの読者」と訳すのでなく、「読者のなかには」とする。

Some say this, and others say that.

「こう言う人もいれば、ああ言う人もいる」

【訳】

狼とお婆さんを同一人物の相反する側面として扱うことは、馬鹿げたことだと読者のなかにはそう考える人もいるかもしれない。

(4) Red Riding Hood does not realize, any more than any other small child can be expected to recognize, that grandmotherly care and kindness which cherish and support the dependent young can, if overdone, turn into possessiveness and overprotection of a kind which prevents the child from developing into a separate person, and therefore threaten to swallow it, as the wolf actually does in the original story.

【語句・構文解説】

● no more … than = not … any more than　この構文はthan以下の内容が（形は肯定でも）事実でないという前提のもとに使われる。いわゆる、鯨の公式であるが、これを出すのは恥ずかしいので、他の例文をあげると、

I can no more swim than a hammer can.

I can not swim any more than a hammer can.

「私は金槌と同様に泳げない」

この文には「金槌は泳げない」という前提がある。

He is no more able to speak Chinese than I am.

He is not able to speak Chinese any more than I am.

「彼は私と同じで、中国語を話せません」

この文には「私は中国語を話せません」という前提がある。

● that以下文末のthe original storyまでが名詞節でrealizeとrecognizeの目的語となっている。

● any other small child can be expected to recognize

= we can expect any other small child to recognize

このcanは I can swim. のcanと同様に能力を表す。

このように受動態で助動詞があり動作主がないときは、そのまま訳すのではなく、ヴォイスチェンジをすると、こなれた日本語になる。

He cannot be trusted「彼は信用されることができない」→We cannot trust him.「彼は信用できない」

179

●that-節は構造がいささか複雑だが、基本構造は、

grandmotherly care and kindness…can…turn into…, and threaten

（S）　　　　　　　　（V₁）　　　　　　　（V₂）

●whichは主格関係代名詞で先行詞はgrandmotherly care and kindness、動詞はcherish and supportで、この二つの動詞の目的語はthe dependent young。

●that-節の中のcanは前出のcanとは異なり可能性を示す。

You can get a burn, if you are not careful.

「注意しないと火傷することがある」

●if overdone　副詞節の中では主語とbe動詞は省略されることがある。

When (I was) young, I often played tennis.

「若い頃、よくテニスをした」

●turn into　「…に変わる」

Caterpillars turn into butterflies.

「毛虫は蝶に変わる」

●overprotection　「過保護」

●of a kind　「（けなして）名ばかりの」

He is a doctor of a kind.

「彼はあれでも一応は医者なのだ」

●which prevents　whichは主格の関係代名詞で先行詞はpossessiveness and over-protection of a kind。ところでpossessiveness and overprotectionは似たような事柄なのでandで結んで一つの概念になるからpreventsと三人称単数のsが付いている。

●Business prevented him from going.

「用事があって彼は行けなかった」

●A bud develops into a blossom.「芽が出て花が咲く」

●threaten to do　「…するぞと脅す」

They threatened to kill him.

「彼らは彼を殺すぞと脅迫した」

●Do in Rome as the Romans do.「ローマではローマ人がするようにせよ」
→「郷に入れば郷に従え」

as the wolf actually does in the original storyの副詞節はswallowを修飾。
●does = swallowsの代動詞。

【訳】

　赤頭巾ちゃんが気がつかないのは、誰であれ他の幼い子供がわかるとはとうてい期待できないのと同じだが、一人立ちできない子供を可愛がり支える祖母のような世話と優しさは、もし度が過ぎると、子供が独立した一個の人間に成長してゆくのを妨げるような類いの独占欲と過保護に変わりかねず、したがって、もとの話で狼が実際にするように、子供を飲み込んでしまいかねない。

(5)　Yet protection and restriction are linked together inseparably; and the very person upon whom the child depends for its safety can easily become a tyrant if the child fails to escape from the excessive concern.

【語句・構文解説】

●restriction　「制約」幼い子供は何をしでかすかわからないので、ある種の「制約」が必要なことは、おわかりだろう。
●very　形容詞で「まさにその」。
　That's the very thing I was looking for.
　「それはまさに私が捜していたものだ」
●Japan depends on foreign countries for oil.
　「日本は石油を外国に依存している」
　したがってupon whomはdependsにかかる。
●can easily become このcanは（4）に出てきた2番目の可能性を示す用法。
●fails to do　「…しない、…できない」
●concern　多義語だが、本文では「気遣い、心配」。

181

【訳】

しかし、保護と制約は分かち難く結びついており、かまわれすぎることから逃れることができないと、子供が自分の安全を求めて頼るまさにその人が、容易に暴君になる可能性がある。

全　訳

　赤頭巾ちゃんがお婆さんを訪ねると、狼が不当にもお婆さんに取って代わっているのに気づく。自分を守ってくれる優しい人物が、危険で危害を加える生き物に取って代わられていたのだ。この物語がとりわけ不安にさせるのは、このように人物が入れ替わる点である。不意に狼と出会うことは十分に怖い、しかし自分を愛してくれるお婆さんがこの恐ろしい獣に変わっていることに気づくことは、この状況に、頼りにしている人に対する信頼を突然に失ったことから生じる根本的な不安を付け加える。

　狼とお婆さんを同一人物の相反する側面として扱うことは、馬鹿げたことだと読者のなかにはそう考える人もいるかもしれない。赤頭巾ちゃんが気がつかないのは、誰であれ他の幼い子供がわかるとはとうてい期待できないのと同じだが、一人立ちできない子供を可愛がり支える祖母のような世話と優しさは、もし度が過ぎると、子供が独立した一個の人間に成長してゆくのを妨げるような類いの独占欲と過保護に変わりかねず、したがって、もとの話で狼が実際にするように、子供を飲み込んでしまいかねない。しかし、保護と制約は分かち難く結びついており、かまわれすぎることから逃れることができないと、子供が自分の安全を求めて頼るまさにその人が、容易に暴君になる可能性がある。

解　説

　浜松医科大学で出題された英文です。

フロイト Sigmund Freud（1856〜1939）と並び称されている心理学者・精神医学者にスイス人でユング Carl Gustav Jung（1875〜1961）という学者がいます。最初はフロイトの考えに共鳴し、良き理解者・協力者として活動しましたが、理論的相違が明らかとなり、別れるようになりました。フロイトと同じように無意識を重視しますが、「個人的無意識」以外に人類の歴史的経験に起源をもつ「集団的無意識」がある、という独自の理論を展開しています。

　ユングが心理学で用いた仮説的な概念にアーキタイプ（archetype）という用語があり、日本語では「元型」と訳されています。人間の無意識の深層に隠されているとされ、人類すべてに共通にみられるもので、神話・民話・宗教の根底に普遍的に潜在しており、人格の形成に重要な働きをするとみなされています。ユング派の学者はとくに神話・民話の分析に優れた業績を残しています。日本人では河合隼雄が多くの業績を上げており、中学生でも理解できるように書くというのが河合氏の姿勢で、どれも面白く読めます。大佛次郎賞を受賞した『昔話と日本人の心』あたりから読み始めるのがいいかもしれません。ところで、元型の一つにグレートマザー（great mother）というものがあり、日本語では「太母」という訳語が当てられています。今読んだ英文の中身がまさに、このグレートマザーなのです。母性の象徴であり、肯定的側面と否定的側面があります。産み育てるという肯定的側面と、子供を可愛がりすぎて自分と同一化したり依存して子供の自立を阻むという否定的側面です。子供がほんの幼児のときには優しい世話と保護が必要不可欠なことは言うまでもありませんが、ある程度大きくなったときには、本文にあるように「世話と優しさは、もし度が過ぎると、子供が独立した一個の人間に成長してゆくのを妨げるような類いの独占欲と過保護に変わりかねず、したがって、元の話で狼が実際にするように、子供を飲み込んでしまいかねない。」のです。

　もう少しわかりやすい具体的な例で説明してみましょう。諸君のお母さんはたいていは夫には失望しており、愛情を諸君に注いでおります。大した出世もせず、どうせ酒を飲んで酔っぱらって帰ってくる夫の食事は作らなくとも、諸君には栄養たっぷりな料理を作りますし、夜遅くまで勉強していれば、寝ないばかりか夜食まで作ってくれますし、お父さんに内緒で小遣いまでくれます。学校の行事にもやってきますし、修学旅行の見送りにもやってきます。何しろ母子一体で

183

す。諸君が生き甲斐で自己のアイデンティティーそのものになっています。そう過保護によって諸君を独占するのです。だから「お母さんにはなんでも相談してね」などと言うのです。気をつけないと本当に飲み込まれてしまいます、赤頭巾ちゃんのように。女性の諸君に言いますが、このような母親に育てられた男と結婚したらどうなるかは火を見るよりも明らかでしょう。嫁と姑の修羅場が演じられるに相違ありません。そもそも姑とは「嫉妬女」のことです。このグレートマザーから逃げられるかどうかの勝負は、諸君の場合、大学に合格したとき入学式に母親が来るのを拒めるかどうかにかかっているでしょう。「一生に一度のことだから」と言ってくるに違いありません、ここで「ばばあ来るな」と言えるかどうかです。泣いて頼んでくるかもしれませんが、気を許してはいけません。一度甘い顔を見せると、学園祭に来るわ、コンパに来たがるわ、大学のゼミの教授のところに挨拶に来たり、ひどい場合には会社訪問にまでついてきます。お母さんを大事にすることは大切なことですが、それとこれとは話が違います。女性の諸君にもう一度言っておきますが、大学生になり男子学生とつき合うようになったら、ひとつ鎌を掛けてください。「入学式のときに、お母様当然いらしたわよね」と、「うん、ママ来たの」などという甘っちょろい返事がきたら、この男はダメだと、思い切り振ってください、貴女自身の身のためです。

　ところで、東大では昔は入学式は安田講堂で行われていましたが、近年は日本武道館で行われています。新入生は約3000名ですが、父兄席は5000名以上埋まると報道されています。私には暗澹たる数字です。

　昔話・民話の関連で、ひとこと言いますと、出版された当時はまったく反響はなかったのが、1958年に英訳が出版されるや大きな反響を呼び、今日では構造主義の先駆的仕事と評価されているウラジーミル・プロップの『昔話の形態学』を読むと、昔話の構造はごくわずかな項で分類できることを発見しています。このことは『フーテンの寅さん』『水戸黄門』などを見る人が、物語の次の展開をほとんど予想できることの証明になります。映画館でお握りや煎餅を食べながら観ている三人連れのおばさんが「そろそろ寅さんが出てくる頃よ」とか「寅さんはこの女性に惚れるけど、最後は振られるのよ」などと言っている予想はことごとく当たります。間違っても寅さんの恋は実りません。

〈No.22〉

教養人

(1) What range of knowledge does it take to make an "educated person ?" There was a time, once, when that question would have been unnecessary. (2) There was a common consensus that an educated person should feel at home with language, especially one's own language and its literature, with the principles of mathematics, with the basic concepts of the physical sciences, with an awareness of the progress of history and with the questions that have perplexed philosophers since antiquity. (3) A learned person might be more learned in one field than another. But to be called educated one should at least have some familiarity with all areas of learning.

(4) Then, somewhere along the way, we lost the consensus of what constitutes an educated person. One reason for this has been the rapid increase of knowledge. (5) It is almost impossible now to encompass all knowledge in one field or to have more than a superficial acquaintance with fields outside one's area of specialization. (6) In the face of that problem, those who directed higher education threw up their hands and gave up the concept of the educated person. (7) One consequence of the abandonment of this concept was the fragmentation of graduate-level education. American universities no longer have "a" graduate school; they

185

have many. There are graduate schools of medicine, of law, of journalism, of engineering, of social work, and so on.

(8) Now, I have no quarrel with specialization. I respect the truly expert in any field, from carpentry to computers. But I know doctors—very competent ones —who couldn't be called educated by anyone's definition; so too with lawyers or engineers, not to mention journalists.

文章読解

(1)　What range of knowledge does it take to make an "educated person?" There was a time, once, when that question would have been unnecessary.

【語句・構文解説】

- take　「必要とする、require」

  The book took me two years to write

  「著作には2年かかった」

- make　「…になる、become」

  She will make a good wife.

  「彼女はよい奥さんになりますよ」

- a time　無冠詞で用いるときは「時間、時」、冠詞を付けるか、複数形では「時代」を表す。

- would have been　仮定法過去完了だ。if-節に相当するのはどれだろう。答えは主語。「そんな質問は誰もしなかったろうし、もししても」

  A wise mother would be stricter with her children.

「賢明な母親なら、もっと子供に厳しくするだろうに」

A little more care would have prevented the accident.

「もう少し注意していたらあの事故は防げただろうに」

【訳】

「教養人」になるには、どの程度の範囲の知識が必要だろうか。このような問いかけなど必要ではなかった時代がかつてあった。

(2) There was a common consensus that an educated person should feel at home with language, especially one's own language and its literature, with the principles of mathematics, with the basic concepts of the physical sciences, with an awareness of the progress of history and with the questions that have perplexed philosophers since antiquity.

【語句・構文解説】

●consensus 「（意見の）一致、合意」

●that 同格の名詞節を導く接続詞「～という」と訳すとうまくいく。ところで、この同格の名詞節を導く接続詞thatをとれる名詞は限定されていて、ある研究者によると180語とのこと。本文ではこのthat-節は文末のsince antiquityまで。

The rule that nouns form their plural by adding 's' does not apply to the word 'mouse'

「名詞は 's' を付けて複数形にするという規則は 'mouse' には適用されない」

There is no proof that he stole it.

「彼がそれを盗んだという証拠はない」

●feel(be) at home with … 「…に精通している」

He is at home with modern English poetry.

「彼は現代英詩に精通している」

以下この文にある五つのwithはすべてfeel at homeにつながるwithで

ある。

●perplex 「悩ます、困惑させる」

【訳】

　教養人は、言語、とりわけ自国語とその文学に精通し、数学の原理や自然科学の基本概念に通じ、歴史の進歩について認識し、古代から哲学者を悩ませてきた諸問題に明るくなければならないという共通の合意があった。

(3)　A learned person might be more learned in one field than another. But to be called educated one should at least have some familiarity with all areas of learning.

【語句・構文解説】

●might　mayよりももっと穏やかな語調緩和。

●He is learned in law.
　「彼は法律に通じている（造詣が深い）」

●to be called educatedは不定詞の副詞的用法でin orderを付けるとより明確。

●one　無冠詞で用い、話者を含む「一般の人」。

●at least　「少なくとも」

●have some familiarity with …　「…について多少の知識がある」

【訳】

　学問のある人はある分野については他の分野よりも造詣が深いかもしれない。しかし、教養があるといわれるためには、学問のすべての分野について少なくとも多少の知識をもっていなければならない。

(4)　Then, somewhere along the way, we lost the consensus of what constitutes an educated person. One reason for this has been the rapid increase of knowledge.

188

【語句・構文解説】

● Then 「それから、その後」

First came Tom, then Jim.

「まずトムが来て次にジムが来た」

● somewhere along the way

「どこか途中で（歴史の流れのどこかで）」

● the consensus of what constitutes an educated person

ofは同格を示す用法

the fact of my seeing him 「私が彼と会ったという事実」

the name of Tom 「トムという名前」

【訳】

その後、歴史の流れのどこかで、何が教養人をつくっているのかという合意を失ったのである。この理由の一つは急速な知識の増大である。

(5)　It is almost impossible now to encompass all knowledge in one field or to have more than a superficial acquaintance with fields outside one's area of specialization.

【語句・構文解説】

● It …to … or to … 形式主語構文。

● encompass 「…を包含する、包括する」

● superficial acquaintance with … 「…についての表面的な知識」

● fields outside one's area of specialization 「自分の専門分野以外の諸分野」

【訳】

今では、一つの分野のすべての知識を包括したり、自分の専門分野以外の諸分野についての表面的な知識以上のものを身につけることは、ほとんど不可能である。

(6) In the face of that problem, those who directed higher education threw up their hands and gave up the concept of the educated person.

【語句・構文解説】

● In the face of … 「…に直面して」

He became brave in the face of danger.

「彼は危険に遭って勇敢になった」

● those who … 「…な人々」

Heaven helps those who help themselves.

「天は自ら助くる者を助く」

● threw up their hands 「まったくお手上げだった」

● the concept of the educated person このofも前に出てきた同格を示すof。

【訳】

　この問題に直面して、高等教育に携わる人々はまったくお手上げで、教養人という概念を放棄した。

(7) One consequence of the abandonment of this concept was the fragmentation of graduate-level education. American universities no longer have "a" graduate school; they have many. There are graduate schools of medicine, of law, of journalism, of engineering, of social work, and so on.

【語句・構文解説】

● abandonment 「放棄」

● fragmentation 「細分化」

● graduate-level 「大学院レベルの」

● and so on 「等々、その他の」

【訳】

　この概念を放棄したことの一つの結果は大学院レベルの教育の細分化である。アメリカの大学にはもはや「一つの」大学院でなく、多くの大学院がある。

医学、法律、ジャーナリズム、工学、社会福祉その他の大学院がある。

(8) Now, I have no quarrel with specialization. I respect the truly expert in any field, from carpentry to computers. But I know doctors—very competent ones—who couldn't be called educated by anyone's definition; so too with lawyers or engineers, not to mention journalists.

【語句・構文解説】

● Now「今」でなく、「さて、ところで」。

Now listen to me.「ところで、話があるんだがね」

● have no quarrel with …「…に反対しない」

● the truly expert の expert は直前に truly という副詞があるので形容詞で the rich / the poor と同じ用法。

● ones = doctors

● couldn't be called は仮定法で if-節に相当するのは by anyone's definition という副詞句。

I think that picture would look better on the other wall (= if you hung it on the other wall).

「その絵はもう一方の壁に掛けたほうがもっと引き立つと思います」

What would you do in my place?

「私の立場だったらどうするの」

● so too with …「the same is true of …、…についても同じ」

● not to mention …「not to speak of …、…は言うまでもなく」

【訳】

ところで、私は専門化に反対しているのではない。私は大工仕事からコンピューターに至るいかなる分野においても、本当の専門家を尊敬している。しかし、私は極めて有能だがいかなる人の定義によっても、とてもではないが教養があるとはいえない医者たちを知っている。同じことが弁護士や技術者にもいえるし、ジャーナリストについてはいうまでもない。

全　訳

　「教養人」になるには、どの程度の範囲の知識が必要だろうか。このような問いかけなど必要ではなかった時代がかつてあった。教養人は、言語、とりわけ自国語とその文学に精通し、数学の原理や自然科学の基本概念に通じ、歴史の進歩について認識し、古代から哲学者を悩ませてきた諸問題に明るくなければならないという共通の合意があった。学問のある人はある分野については他の分野よりも造詣が深いかもしれない。しかし、教養があるといわれるためには、学問のすべての分野について少なくとも多少の知識をもっていなければならない。

　その後、歴史の流れのどこかで、何が教養人をつくっているのかという合意を失ったのである。この理由の一つは急速な知識の増大である。今では、一つの分野のすべての知識を包括したり、自分の専門分野以外の諸分野についての表面的な知識以上のものを身につけることは、ほとんど不可能である。この問題に直面して、高等教育に携わる人々はまったくお手上げで、教養人という概念を放棄した。この概念を放棄したことの一つの結果は大学院レベルの教育の細分化である。アメリカの大学にはもはや「一つの」大学院でなく、多くの大学院がある。医学、法律、ジャーナリズム、工学、社会福祉その他の大学院がある。

　ところで、私は専門化に反対しているのではない。私は大工仕事からコンピューターに至るいかなる分野においても、本当の専門家を尊敬している。しかし、私は極めて有能だがいかなる人の定義によっても、とてもではないが教養があるとはいえない医者たちを知っている。同じことが弁護士や技術者にもいえるし、ジャーナリストについてはいうまでもない。

解　説

　京都大学で出題された英文です。

　戦前、戦中に高等学校で学んでいた人たち、たとえば第一高等学校、第三高等学校で学んでいた人たちの思い出話を読むと、昔は良かったという美化はあるで

しょうが、どうも高等学校が教養を形成する場であったようです。戦後、アメリカの強制によりこの高等学校は廃止され、大学に組み込まれました。そこで、戦前、戦中の高等学校のことを、今では旧制高等学校と呼びます。全寮制であったためでしょうか、たとえ見栄であっても、理解できようができまいが、哲学書を読み耽けり文学を論じ合っていたようです。このあたりの事情は平林たい子文学賞を受賞した高橋英夫の『偉大なる暗闇——師 岩元禎と弟子たち』、竹内洋の『教養主義の没落——変わりゆくエリート学生文化』、竹田篤司の『明治人の教養』などを読むとよくわかります。見栄という要素は若い人たちが教養を身につけるのには必要なことで、必ずしも否定すべきものではありません。

　今読んだ英文にもありますように、「急速な知識の増大」が学問の専門化、細分化を引き起こしています。日本の大学では文部科学省の前進である文部省によって教養部は解体され、学生が教養を身につける機会が奪われ、大学というよりも専門学校になってしまっています。なにがしかの教養がなければ文化は伝わらないと思っている私には嘆かわしい現状です。最後の教養人と思われる加藤周一が亡くなった現在、誰が跡を継ぐのか心配です。

　とは言いましても、筆者も述べているように私も「本当の専門家」を尊敬しています。私が直接習った先生に三宅徳嘉先生という人がいます。加藤周一の友人でもありましたが、デカルトと言語学が専門で、今日本で出版されている全4巻のデカルト著作集の監修者であり、そのなかでは『方法序説』を訳されています。大学院のときにこの『方法序説』を習ったのですが、デカルトのフランス語はラテン語の影響が強く、ワンセンテンスが長大で、ひどいときには1頁にピリオドが一つしかなく、どれが主節でどれが従属節なのか、関係代名詞の先行詞はどれなのか、どの単語がどれを修飾しているのか、まるで判じ物を解くみたいで、翻訳を横に置いて悪戦苦闘して予習をしたものでした。その三宅先生の知識の膨大なことには、いつも驚嘆していました。フランス語の読みが正確なのは勿論ですが、授業中に質問すると「皆さんもご存じのように」と言って、我々の「ご存じない」人物、出来事、本について延々と解説なされ、授業が終わったあとで我々生徒は顔を見合わせてため息をついたものでした。三宅先生は東大仏文研究室のなかでも、伝説化されるほどの秀才で、加藤周一の『羊の歌』の中で、

三宅君は、身体が小さく、痩せて、顔色が悪く、決して大声を出さず、また決して興奮せず、酒に途方もなく強くて、優しい少女のような心をもち、あらゆる事に関心を抱きながら、その知識の正確さと推論の綿密さで抜群の頭脳をもっていた。研究室に集まって、議論を上下しているとき、黙って聞いていた三宅君が「それ、ちょっとどうかな」と一言いうと、誰も喋るのをやめて、考えなおしたものだ。フランス語の解釈についても、統計の数字についても、歴史上の年代についても、調べてみて、三宅説の正しくないことはほとんどなかった。戦争宣伝に「だまされ」ないという点でも、森有正・三宅徳嘉の二人の助手は、渡辺助教授に劣らず、頑固で、少しの妥協もしなかった。私は医学部から仏文研究室のなかへ一歩入ると、全く別の世界に入ったような気がした。

と記されています。先生に欠点があるとすれば、自分が飛び抜けた秀才であるという意識がないので、先生に学問上の事柄で相談にいくと、たちどころに 10 冊以上の文献（当然フランス語）をあげ「１カ月もすれば読めるでしょう」と事もなげに言うのです。先生にはできても、我々学生には１冊読むのにも１カ月以上かかるということが理解されていないようでした。世の中には桁外れの秀才がいるものだと、つくづく実感したものでした。言語学について三宅先生が知らないことは世界中のどの言語学者も知らないというのは定説で、それほど専門の知識に秀でていました。

　晩年の20年間に心血を注いで作成したのが『白水社ラルース仏和辞典』で、今日、日本で出版されている仏和辞典は 15、6冊ありますが、圧倒的に優れている辞典です。ただしあまりに優れているので、初心者にはいささか不向きで、フランス語を２、３年学習した者にはその価値がわかってきます。翻訳はたくさん出しておられますが、『辞書、この終わりなき書物』という本が先生の死後出版されており、これが唯一の著書になっています。ただしこの本は今では絶版ですので、大学の図書館か古書店で探すしかありません。

〈No.23〉

成長への援助

(1) I spoke at a P.T.A. meeting recently, and repeated the story of Lisa giving the name of 'cow' to a class of animals including cows, horses, and sheep. (2) I explained that we did not correct her because it would be discourteous; because we were too pleased to hear her talk to be worried about 'mistakes'; and because, realizing that she had done some bold and powerful thinking, we did not want to do anything to make her doubt its worth or discourage her from doing more such thinking in the future. (3) I also emphasized that correction was in fact not needed, that the child was soon able, by herself, to get her names and classes straightened out.

(4) A certain number of people are always upset by hearing such stories. Soon after this meeting, I got a pleasant but agitated letter from an intelligent and highly trained psychologist who had heard my talk. (5) How, she demanded, could children possibly learn unless we corrected all their mistakes ? Wasn't that our responsibility, our duty ? (6) I wrote a long reply, repeating my point and telling still more stories about children correcting their own mistakes. (7) But she seems to be as far from understanding me as ever. It is almost as if she cannot hear what I am saying. This is natural enough. (8) Anyone who makes it his life work to

help other people may come to believe that they cannot get along without him, and may not want to hear evidence that they can, all too offen, stand on their own feet. (9) Many people seem to have built their lives around the notion that they are in some way indispensable to children, and to question this is to attack the very center of their being. (10) Still, even at the risk of upsetting these good people, we must question their assumption, because it is largly not true.

文章読解

(1) I spoke at a P. T. A. meeting recently, and repeated the story of Lisa giving the name of 'cow' to a class of animals including cows, horses, and sheep.

【語句・構文解説】
● Lisa giving の Lisa は giving という動名詞の意味上の主語。動名詞の意味上の主語は所有格か目的格を用いる。
Her father won't approve of her marrying you.(所有格か目的格は不明)
「彼女の父親は彼女が君と結婚することに賛成しないだろう」
とくに意味上の主語を強調するときは、目的格が普通。
My father doesn't approve of women drinking.
「父は女性がお酒を飲むことをいけないと思っています」
● including cows, horses, and sheep は現在分詞の後置修飾で a class of animals を修飾。

196

【訳】

　私は最近P.T.A.の会合で講演し、リサが牛や馬や羊を含む動物の一団に「牛」という名前を付けた話を繰り返した。

(2) I explained that we did not correct her because it would be discourteous; because we were too pleased to hear her talk to be worried about 'mistakes'; and because, realizing that she had done some bold and powerful thinking, we did not want to do anything to make her doubt its worth or discourage her from doing more such thinking in the future.

【語句・構文解説】

● we did not correct her because …となっているが not は correct だけに掛かり because 以下を支配していない。支配している例は、

I did not go there because I wanted to.

「あそこに行きませんでした、だってそうしたかったから」は誤訳で、

「行きたいからあそこに行ったのではない」（何かの事情でそこに行ったのです）。

● discourteous 「失礼な」

● too pleased to hear her talk to be worried では too … to の構文だが、to… は to be worried のほうで、to hear her talk のほうではない。

He is too old to work.

「彼は年をとりすぎて働けない」

● to hear her talk は不定詞の副詞的用法で感情の原因を表す。

I'm glad to see you.

「お目にかかれてうれしく思います」

なお talk は名詞ではなく原形動詞。名詞だと「彼女の演説を聞いて」となる hear という知覚動詞があるので原形。

I heard somebody cry out.

197

「誰かが大声で叫ぶのが聞こえた」

- be worried about … 「…を心配する、…を気にする」
- realizing that の分詞構文は理由を表す用法。

    Being a farmer (= As / Since I am a farmer), I have to get up early.

    「農業をやっているので、早起きしなければなりません」

- do anything to (make her doubt its worth or (to) discourage …)

    文脈から考えると、上のように解釈すべきで、make her discourage …
    と読むべきではない。

- make her doubt its worth は make + 目的語 + 原形動詞。

    He made us work hard.

    「彼は我々をひどく働かせた」

- discourage her from doing は prevent A from doing と同じ用法。

    They tried to discourage their son from marrying the girl.

    「彼らは息子がその娘と結婚しようとするのを思い留まらせようとした」

- doing more such thinking と more があるのに than 以下が省略されてい
    るのは、文脈により than she did が明白だから、日本語でも同じ。「もっ
    と勉強しなさい (今よりも)」

- in the future　辞書には「将来は」という訳語が出ているが、文脈から
    すれば「これから先」と訳すべきである。

【訳】

　私はこの子の誤りを訂正しなかった我々の理由を次のようであると説明し
た。誤りを正すことは無礼であろうということ、この子がおしゃべりするの
を聞いているのがとても楽しくて「誤り」のことなど気にすることができな
かったこと、またこの子が何か大胆で力強い考え方をしたと気がついたので、
その子がこのような考え方の価値に疑問をもつようになったり、これから先
にもっとこのような考え方をしようという気持ちを削ぐようなことはしたく
なかったから。

(3)　I also emphasized that correction was in fact not needed, that the child was soon able, by herself, to get her names and classes straightened out.

【語句・構文解説】

● by herself 「一人で、alone」

● get her names and classes straightened out

get+O+過去分詞は have+O+過去分詞と同じように、使役・被害・完了を表す。get のほうはおもに口語で使う。

I'm going to get (= have) this car serviced.

「この車を点検してもらうつもりです」

I got (= had) my hand caught in the door.

「ドアに手を挟まれた」

I'll just get (= have) this finished and then I'll come.

「ちょっとこれを片づけて、それからそちらへ行きましょう」

本文では完了の意味で用いている。

● straighten out 「正す、訂正する、矯正する」

【訳】

　実際のところ訂正は必要なかったし、この子がすぐに自分ひとりで名前や分類を訂正してしまうことができたことも力説した。

(4) A certain number of people are always upset by hearing such stories. Soon after this meeting, I got a pleasant but agitated letter from an intelligent and highly trained psychologist who had heard my talk.

【語句・構文解説】

● a number of … = many で複数形で受け、the number of …は「…の数」で単数で受ける。

A number of cars are running.

「たくさんの車が走っている」

The number of cars is increasing.

「車の数が増えている」

●upset 「人の気持ちを動揺させる・動転させる」

●agitated 「動揺した、興奮した」。

　だからといってagitated letterを「興奮した手紙」と訳すのは、おかしい。何も手紙自体が興奮しているわけではないから。これは以前出てきた転移修飾で「興奮している」のは手紙の書き手である。

She stared at the man in white astonishment.

「びっくりしてその男を見た彼女の顔は蒼白だった」

●psychologist 「心理学者」

【訳】

　一定数の人はこういう話を聞くといつも動揺する。この会合の直後、私の講演を聞いた聡明で高度な教育を受けた心理学者から、面白いけれど書き手の興奮がありありとわかる手紙を受け取った。

(5)　How, she demanded, could children possibly learn unless we corrected all their mistakes? Wasn't that our responsibility, our duty?

【語句・構文解説】

●語順は直接話法で時制は間接話法という、よくある折衷型。

　直説話法にすると、

　"How can children possibly learn unless we correct all their mistakes? Isn't this our responsibility, our duty?"

●demandは「要求する」ではなく、文脈から「詰問する」。

【訳】

　我々がその誤りのすべてを正してやらなければ子供はどうして学ぶことができるだろうか、これは我々の責任、我々の義務ではないか、と詰問していた。

(6) I wrote a long reply, repeating my point and telling still more stories about children correcting their own mistakes.

【語句・構文解説】

●repeating これはやさしい分詞構文で and I repeated。

●still はここでは副詞として働き比較級を強めている。

That's still better.「そのほうがさらに良い」

●children correcting これは(1)で説明した、Lisa giving と同じ用法。

【訳】

私は長文の返事を認め、私の論点を繰り返し述べ、子供が自分自身の誤りを正す話をもっとたくさん伝えた。

(7) But she seems to be as far from understading me as ever. It is almost as if she cannot hear what I am saying. This is natural enough.

【語句・構文解説】

●far from 「少しも…ではない」

He is far from happy.

「彼は少しも幸せではない」

●as … as ever 「相変わらず … だ」

He is as lazy as ever.

「彼は相変わらず怠け者だ」

●me 代名詞は「人」でなく「人の話」の意味で用いることがある。

I cannot understand you.

「あなたの話がわかりません」

●as if のあとには仮定法もとれるし直説法もとれる。

●what I am saying はもちろん hear の目的語だが、この進行形は He is reading a book のような現に進行中の動作を示すのではなく、強調を示す。

201

I am sorry you doubt my word. I am telling the truth.

「君は私の言うことを疑っているが、私は本当のことを言っているのだ」
飛行機が着陸し乗客が降りるときにスチュワーデスが「またのご利用をお
待ちしております」と言ったあとに英語でWe are looking forward to
serving you soon. と言うが、この進行形も同様な用法。

【訳】

　しかしその女性は相変わらず私の話をまったく理解できないらしい。彼女
は私の言っていることにほとんど耳を貸さないようだ。これは誠に無理もな
いことである。

(8)　Anyone who makes it his life work to help other people may come
to believe that they cannot get along without him, and may not
want to hear evidence that they can, all too offen, stand on their
own feet.

【語句・構文解説】

●文構造の確定が大切。

Anyone … may come to … , and may not want …
　　(S)　　　　(V₁)　　　　　　　　(V₂)

●who makes it his life work to help other people が Anyone を修飾。
　　(S)　(V)　(O)　　(C)　　の第5文型。

　it は形式目的語で to help other people を指す。

●come to do は自然に learn to do は努力して「…するようになる」。

　I came to know him.

　「彼と知り合いになった」

　He learned to swim.

　「彼は泳げるようになった」

●get along without　「…なしでやっていく」

●evidence that …　のthatは同格の接続詞。

There's no proof that he stole it.

「彼がそれを盗んだという証拠はない」

●all too 「残念なほど…する」

It ended all too soon.

「あっけなく終わった」

●stand on one's feet 「自立する、独立する、一人立ちする」

【訳】

　他人を助けることを自分の一生の仕事としている人は誰でも、他人は自分がいなければやっていけないと信じるようになり、また他人は一人立ちできるのだということが嫌になるほど多いのだという証拠を聞きたくないかもしれない。

(9) Many people seem to have built their lives around the notion that they are in some way indispensable to children, and to question this is to attack the very center of their being.

【語句・構文解説】

●He is said to have made a fortune in mail-order business.

　= It is said that he (has) made fortune in mail-order business.

　「彼は通信販売の事業で財産を築いたといわれている」（今でも財産をもっている）

　完了不定詞は文の述語動詞よりも前の時を示すが、例文のように完了（has made）を示す場合もある。

●The story is written around her life.

　「この物語は彼女の一生に基づいて書かれている」

●the notion that …　前に出た evidence that …と同様、同格の that。

●in some way　この some は a certain の意味。　「なんらかの点で」

●this = the notion that they are in some way indispensable to children

　したがって、この this は question の目的語だから、this is と読んではいけない。

● is to attack は、いわゆる be to do でなく、

To see is to believe. 「見ることは信じること（百聞は一見にしかず）」の

ような不定詞の名詞的用法で補語になっている。

● very は形容詞で「まさしくその」

That's the very thing I was looking for.

「それはまさしく私の捜していたものだ」

● being　名詞で「存在」

【訳】

　自分はなんらかの点で子供たちにとってはなくてはならない、という考えを

基礎にして自分の生活を築き上げているように思える人がたくさんいる。だか

らこの考えに異議を唱えることは彼らの存在の根幹を攻撃することになるのだ。

(10)　　Still, even at the risk of upsetting these good people, we must question their assumption, because it is largely not true.

【語句・構文解説】

● Still　副詞だが接続詞的に働いて「それにもかかわらず」。

He has his faults. Still, I love him.

「彼には欠点があるが、それでも私は好きだ」

● He saved her at the risk of his life.

「彼は自分の命を賭けて彼女を救った」（= He risked his life to save her.）

● assumption　assume の名詞形で、客観的な証拠もないのに「事実だと

考えること、思い込み」。

【訳】

　それでも、このような善意の人たちの心を動揺させる危険をたとえ冒して

も、我々は彼らの思い込みに異議を唱えなければならない。なぜなら、そう

いった思い込みはおおむね真実ではないからだ。

204

全 訳

　私は最近P.T.A.の会合で講演し、リサが牛や馬や羊を含む動物の一団に「牛」という名前を付けた話を繰り返した。私はこの子の誤りを訂正しなかった我々の理由を次のようであると説明した。誤りを正すことは無礼であろうということ、この子がおしゃべりするのを聞いているのがとても楽しくて「誤り」のことなど気にすることができなかったこと、またこの子が何か大胆で力強い考え方をしたと気がついたので、その子がこのような考え方の価値に疑問をもつようになったり、これから先にもっとこのような考え方をしようという気持ちを削ぐようなことはしたくなかったから。実際のところ訂正は必要なかったし、この子がすぐに自分ひとりで名前や分類を訂正してしまうことができたことも力説した。

　一定数の人はこういう話を聞くといつも動揺する。この会合の直後、私の講演を聞いた聡明で高度な教育を受けた心理学者から、面白いけれど書き手の興奮がありありとわかる手紙を受け取った。我々がその誤りのすべてを正してやらなければ子供はどうして学ぶことができるだろうか、これは我々の責任、我々の義務ではないか、と詰問していた。私は長文の返事を認め、私の論点を繰り返し述べ、子供が自分自身の誤りを正す話をもっとたくさん伝えた。しかしその女性は相変わらず私の話をまったく理解できないらしい。彼女は私の言っていることにほとんど耳を貸さないようだ。これは誠に無理もないことである。他人を助けることを自分の一生の仕事としている人は誰でも、他人は自分がいなければやっていけないと信じるようになり、また他人は一人立ちできるのだということが嫌になるほど多いのだという証拠を聞きたくないかもしれない。自分はなんらかの点で子供たちにとってはなくてはならない、という考えを基礎にして自分の生活を築き上げているように思える人がたくさんいる。だからこの考えに異議を唱えることは彼らの存在の根幹を攻撃することになるのだ。それでも、このような善意の人たちの心を動揺させる危険をたとえ冒しても、我々は彼らの思い込みに異議を唱えなければならない。なぜなら、そういった思い込みはおおむね真実ではないからだ。

205

解　説

　John Holt（1923〜1985）のHow Chidren Learn が出典です。ホルトはアメリカの著名な教育者、教育評論家であり、フリースクールの実践者でもありました。このHow Chidren Learn はペンギンブックスの中に入っており、世界中で読まれた本です。今読んだ箇所は、関西大学、津田塾大学、京都大学で過去に出題されています。

　リサが牛や馬や羊を含む動物の一団に「牛」という名前を付けた話は、いわゆるカテゴリー認識の問題で、幼稚園でやる「仲間はずれ選び」という遊びと関係があるということは、本書の別の問題で詳しく説明しましたので、繰り返しません。リサが三輪車を「牛」と呼んだとしたら問題ですが。最後の箇所は、幼稚園の先生ばかりか、いわゆる先生と呼ばれる職業に就いている人、つまり学校の教師、医師、弁護士にとってはいささか耳の痛い話ですが、正しいところを突いています。というのも、いつでも自分より弱い立場の人と接しているので、知らず知らずに「俺がいなければ」という傲慢な思いにとらわれてしまうからです。

　私が尊敬している医師が一人います。その医師は患者を診ると言わずに「診させていただく」と言うのです。病気を治すのは患者に備わっている力であり、医者はその手助けをするだけだ、というのがその医師の考えなのです。

　教師だって本当は、次の世代を、ということは次の文化を担う若者を育てるのではなく、育てさせていただくのが正しいのかもしれませんが、残念ながら私にはそんな謙虚な気持ちはなくて、どこかに教えてやるという傲慢な気持ちがあり、ここから抜け出ることはできません。私には悟りはやってこないのでしょう。

　藤原新也の『東京漂流』を読んでいたら、次のような箇所に出会いました。若いころにインドを旅、いや漂流していた藤原新也は、ある出来事（コレラかチフスで今にも死にそうな子供が道端で横たわっており、痰が喉に詰まって窒息しそうなのですが、痰を吐きだす体力すらありません。すると一人の看護婦が現れその子供の口に自分の口をつけて痰を吸い出したのです。そんなことをすれば自分が病気に罹る自殺行為です。その看護婦の名前はグリアと言います）に遭遇しそれが契機となって、カルカッタのある癩救済病院を訪れたが、受付は訪問を歓迎

せず、3度目の訪問時に看護婦長であろうと思われる老女がやっと現れます、以下がその看護婦長の言葉です。

「(略)……たとえば、この私も、またグリアも、私の目の前に救いを求める人々があって生きる意味を与えられているのです。私たちは、彼らによって生きることを救われています。つまり、私は彼らによって私の生きることを発見させられているのです。

　だから、もし、それによって私たちが命を落とすことがあれば、それは生きる上での最大の救いでしょう。

　救うものが大きければ大きいほど、私たちにとって救われるものも大きいのです。なぜなら、彼女は、その死によって、自分の生を最大に救ったのですから。彼女は自分の生と死の両方に意味を与えることができたのです。死という、最も重い労働を与えられた歓びは、死の苦しみよりも大きいのです。

　ですから、グリアがもし命を落としたとして、その彼女の死の状態を救い、その死に意味を与えてくれるものがあるとすれば、それはあの子供に他なりません。子供はその死という最も重いものによって彼女の生と死の両方を救ってくれたのです」

（略）

「私たちの、この病院では、救うとか、助ける、という言葉が用いられることはほとんどありません……。その言葉の使用を別に禁じているわけではないのですが……。

　誰もが自然とそのような言葉を使わなくなるのです。死を目前にしている人の前ですこしでも永く働くようになると、そのような言葉が不自然なものであることがわかってきます。それで、新しく入ってきた若い人が（人を救いたい）という言葉を最初に持ってきますが、誰が何を教えたわけでもないのに、そのような傲慢（傍点：斎藤）な言葉は、誰もがいつの間にか忘れてしまうのです……。ここで働き続けながら、すこしずつ、本当は自分が救われている、というその単純な事実に気づき始めるのですね……」

207

攻撃性

(1) To write about human aggression is a difficult task because the term is used in so many different senses. Aggression is one of those words which everyone knows, but which is nevertheless hard to define. (2) One difficulty is that there is no clear dividing line between those forms of aggressions which we all deplore and those which we must not disown if we are to survive. (3) When a child rebels against authority it is being aggressive; but it is also manifesting a drive toward independence which is a necessary and valuable part of growing up. (4) The desire for power has, in extreme form, disastrous aspects which we all acknowledge; but the drive to conquer difficulties, or to gain mastery over the external world, underlies the greatest of human achievements.

(5) The aggressive part of human nature is not only a necessary safeguard against savage attack. It is also the basis of intellectual achievement, of the attainment of independence, and even of that proper pride which enables a man to hold his head high amongst his fellows. (6) Without the aggressive, active side of his nature man would be even less able than he is to direct the course of his life or to influence the world around him.

(7) In fact, it is obvious that man could never have attained his present dominance, nor even have survived as a species, unless

he possessed a large amount of inborn aggressiveness.

(8) It is a tragic paradox that the very qualities which have led to man's extraordinary success are also those most likely to destroy him. **(9)** His ruthless drive to subdue or to destroy every apparent obstacle in his path does not stop short at his own fellows; and since he now possesses weapons of unparalleled destructiveness and also apparently lacks the built-in safeguards which prevent most animals from killing others of the same species, it is not beyond possibility that he may yet cause the total elimination of mankind.

文章読解

(1)　To write about human aggression is a difficult task because the term is used in so many different senses. Aggression is one of those words which everyone knows, but which is nevertheless hard to define.

【語句・構文解説】

●aggression 「攻撃性」

●term 多義語で受験生には必須の単語だが本文では意味は決定しやすい。次に出てくる word と同じ。

●sense これも多義語で、ここでは「意味」、前置の in と共に用いることが多い。in a sense「ある意味で」

●those that の複数形の指示形容詞で関係詞による限定をあらかじめ指示する。日本語では強いて訳さないほうがよい。

209

Those books (which) you lent me were very useful.

「君が貸してくれた本はじつに役に立った」

【訳】

　人間の攻撃性について述べるのは困難な仕事である、というのはこの単語は非常に多くの意味で用いられているから。攻撃性は誰もが知っているが、それにもかかわらず、定義するのは難しい言葉の一つである。

(2) One difficulty is that there is no clear dividing line between those forms of aggression which we all deplore and those which we must not disown if we are to survive.

【語句・構文解説】

●that-節は文末まで支配する名詞節でisの補語。

●between those forms … and those (forms …) …

　between A and B「AとBの間」

●those forms of aggression which …のthoseは今やったばかりの用法。

●we all　同格で用いている。

　We all have to go. = All of us have to go. = We all of us have to go.

　「我々は皆行かなければならない」

●deplore　「非難する」

●those (forms of aggression) which と補う。

●disown　「否定する」

●if we are to survive は disown を修飾。

　be to 不定詞には予定・義務・命令・運命・可能があるが、if-節では目的。

　If you are to succeed you must work hard.

　「成功したければ、しっかり働きなさい」

　We must reduce labor cost if we are to make a profit.

　「黒字を出すつもりなら、人件費を削減しなければならない」

【訳】

困難の一つは、我々の誰もが非難する種類の攻撃性と、生き延びようとするならば否定してはならない種類の攻撃性の間を明確に区別する線がないことである。

(3) When a child rebels against authority it is being aggressive; but it is also manifesting a drive toward independence which is a necessary and valuable part of growing up.

【語句・構文解説】

● rebel 「反抗する」

● it = a child　正しくは he or she とすべきだろうが、よくある用法。

● is being　この進行形は He is reading a book. のような現に進行中の動作でなく行為の強調。

I am sorry you doubt me. I am telling the truth.

「君は私の言っていることを疑っているが、私は本当のことを言っているのだ」

● drive 「衝動、欲求」

Hunger is a strong drive to action.

「空腹は行動へと駆り立てる強い衝動だ」

● which の先行詞は independence。

【訳】

子供が権威に反抗するとき、子供は攻撃的である。しかし、そのときまた、成長するには必要で価値ある独立に対する衝動も表しているのである。

(4) The desire for power has, in extreme form, disastrous aspects which we all acknowledge; but the drive to conquer difficulties, or to gain mastery over the external world, underlies the greatest of human achievements.

【語句・構文解説】

●in extreme form 「極端な場合」

●disastrous 「破壊的な」

●or「つまり」同格を示す。

botany, or the study of plants「植物学、つまり植物の研究」

the puma, or American lion「ピューマ、つまりアメリカライオン」

●mastery 「支配、制圧」

gain mastery over the whole land「全土を制圧する」

●underlie 「基礎となる」

The idea underlies his theory.

「その考えが彼の理論の基礎となっている」

【訳】

権力欲は、極端な場合、我々誰もが認めるように破壊的側面をもっている。しかし困難を克服したい、つまり外界を支配したいという欲求は人間が成し遂げたうちの最大なものの基礎をなしている。

(5) The aggressive part of human nature is not only a necessary safeguard against savage attack. It is also the basis of intellectual achievement, of the attainment of independence, and even of that proper pride which enables a man to hold his head high amongst his fellows.

【語句・構文解説】

●not only … (but) alsoの構文であることは簡単に見抜けただろう。したがって第2文冒頭のIt = The aggressive part of human natureも理解できたと思う。

●safeguard 「安全装置、防御手段」

●savage 多義語で「未開な」がいちばん最初に出てくるが、ここでは「容赦しない、猛烈な」。

212

- the basis of　A,　of　B,　and even of Cの構造。
- that proper pride whichこのthatは(1)で出てきたthose words which と同じ働きをする先行詞明示の用法。
- proper pride　「自尊心、矜持」
- enableは無生物主語をとる典型的な動詞。無生物主語構文では、主語を原因・時・理由・条件など副詞的に処理し、目的語を主語にして訳す。この場合、主語はwhich = proper pride。なおenableはたいてい理由を表す。His large income enabled him to live in comfort. 「収入が多いので、彼は楽な生活をすることができた」
- hold one's head high　「堂々と振る舞う」
- amongst = among

【訳】

　人間の性質の攻撃的な面は容赦ない攻撃から身を守る、欠くことのできない防御手段ばかりではない。それはまた、知的達成、独立の達成と自分の仲間のなかで堂々と振る舞うことを可能にする矜持の基礎であるのだ。

(6)　Without the aggressive, active side of his nature man would be even less able than he is to direct the course of his life or to influence the world around him.

【語句・構文解説】

- Without the aggressive, active side of his natureの前置詞句がif-節に相当する仮定法。

  Without water, we could not live.

  「水がなければ、我々は生きていけない」

  なおこのWithoutの代わりにBut for / If it were not forも用いられる。
- evenは比較級を強める語、比較級を強める語句はほかにmuch / a lot / still / far / by far / a good dealなど。
- able　事を行うのに必要な、また優れた能力をもつ。

213

capable　ある事をするのに必要な実際的な能力をもつ。

competent　特定の仕事をするのに十分な能力をもつ。

●このableにless able thanと劣等比較級がからまっている。

●he is to directをbe to不定詞と読むのではなく、isのあとにableを加える。

●or to influenceのtoの前にもableを加える。

【訳】

　仮に、人間の本性にこの攻撃的で積極的な面がなければ、己の人生の進路を決めるにせよ、己の周りの世界に影響を与えるにせよ、能力は今よりもはるかに劣っているだろう。

(7)　In fact, it is obvious that man could never have attained his present dominance, nor even have survived as a species, unless he possessed a large amount of inborn aggressiveness.

【語句・構文解説】

●In fact 「事実、実際」

●it … thatの形式主語構文。

●dominance 「優越、支配」

●unless = if … not　これがあるので仮定法であることは簡単に見抜けただろう。学力のある人はhe possessedでなくhe had possessedとすべきだと考えたかもしれないが、これで正しい。

条件節が現在の事実あるいは不変の事実の反対のことを仮定し、帰結節が過去の事実の反対のことを表すときは、条件節の動詞は仮定法過去、帰結節の動詞は助動詞の過去形＋完了形となる。

If he were not clever, he could not have won a Nobel Prize for physics last year.

「もし彼が賢くなければ、昨年ノーベル物理学賞を受賞できなかったろう」（彼は昔も今も賢い）

If Mr. Smith were not a very wealthy man, he could not have

donated one million dollars to the Red Cross.

「もしスミス氏が非常な金持ちでなかったら、赤十字に100万ドルも寄付できなかっただろう」（スミス氏は今も金持ち）

【訳】

実際、人間が多量の生得の攻撃性をもっていなかったら、人間は現在の支配的地位を獲得していなかっただろうし、種として存続していくことさえできなかったであろうことは明らかである。

(8) It is a tragic paradox that the very qualities which have led to man's extraordinary success are also those most likely to destroy him.

【語句・構文解説】

● It is a tragic paradox that …は、it … thatの形式主語構文で、thatは同格の名詞節を導く接続詞ではない。

● very　形容詞で「まさにその」。

This is the very book I have been looking for.

「これこそまさに私が探していた本だ」

● lead to A　「（結果として）…となる」

That will only lead to trouble.

「そんなことをすれば面倒なことになるだけだ」

● those = qualities

【訳】

驚嘆すべき成功を人類にもたらしたまさにそのようないくつかの性質が、人類を滅亡させる可能性をもっとも多くはらんでいるものでもあるというのは、悲劇的な逆説である。

215

(9) His ruthless drive to subdue or to destroy every apparent obstacle in his path does not stop short at his own fellows; and since he now possesses weapons of unparalleled destructiveness and also apparently lacks the builtin safeguards which prevent most animals from killing others of the same species, it is not beyond possibility that he may yet cause the total elimination of mankind.

【語句・構文解説】

● ruthless 「情け容赦のない」

● subdue 「征服する、鎮圧する」

● to subdue or to destroy 二つの不定詞は形容詞的用法で drive にかかる。

● obstacle は subdue と destroy 共通の目的語。

● stop short at 「…にまでは至らない、…の手前で踏み止まる」

They will stop short at an increase in taxes.

「彼らは増税まではしないだろう」

He wouldn't stop short at murder.

「彼は人殺しもやりかねない」

● since 「(理由を表して) …だから、…のゆえに」

Since there is no more time, we must give it up.

「もう時間がないのだから、あきらめざるをえない」

● since 以下の文構造は、

he possesses weapons … and lacks the built-in safeguards …

(S)　(V₁)　　(O₂)　　　　　(V₂)　　　　　(O₂)

この and は and yet / but の意味。

She tried hard and she failed.

「彼女は一生懸命やったが失敗した」

So rich, and lives like a begger.

「あんなに金がありながら乞食のような生活をしている」

● unparalleled 「前代未聞の、並ぶもののない」

- safeguard 「安全装置」
- We prevented the fire from spreading.「火の手が広まらないよう防いだ」
- it is not beyond possibility that …は it … that の形式主語構文であって同格の接続詞の that ではない。
- not beyond possibility 「可能性を越えていない→可能性もある」
- yet 「(今まではとにかく) やがては、いつかは」

You'll regret it yet.

「今に後悔するぞ」

He may yet be happy.

「彼はいつか幸福になる日もあるだろう」

- elimination 「削除、抹殺、殲滅（せんめつ）」

【訳】

　行く手に立ちはだかるように思えるあらゆる障害を征服するか破壊しようとする情け容赦のない衝動は、同胞の人間に対しても止まらない。そして、人類は今や比類のない破壊兵器を所有しているが、ほとんどの動物がもっている同じ種同士殺し合いをしないようにする生得の安全装置が人類に欠如しているようなので、そのうち、人類全面殲滅を引き起こしてしまう可能性もある。

全　訳

　人間の攻撃性について述べるのは困難な仕事である、というのはこの単語は非常に多くの意味で用いられているから。攻撃性は誰もが知っているが、それにもかかわらず、定義するのは難しい言葉の一つである。困難の一つは、我々の誰もが非難する種類の攻撃性と、生き延びようとするならば否定してはならない種類の攻撃性の間を明確に区別する線がないことである。子供が権威に反抗するとき、子供は攻撃的である。しかし、そのときまた、成長するには必要で価値ある独立

に対する衝動も表しているのである。権力欲は、極端な場合、我々誰もが認める
ように破壊的側面をもっている。しかし困難を克服したい、つまり外界を支配し
たいという欲求は人間が成し遂げたうちの最大なものの基礎をなしている。

　人間の性質の攻撃的な面は容赦ない攻撃から身を守る、欠くことのできない防
御手段ばかりではない。それはまた、知的達成、独立の達成と自分の仲間のなか
で堂々と振る舞うことを可能にする矜持の基礎であるのだ。仮に、人間の本性に
この攻撃的で積極的な面がなければ、己の人生の進路を決めるにせよ、己の周り
の世界に影響を与えるにせよ、能力は今よりもはるかに劣っているだろう。実際、
人間が多量の生得の攻撃性をもっていなかったら、人間は現在の支配的地位を獲
得していなかっただろうし、種として存続していくことさえできなかったであろ
うことは明らかである。

　驚嘆すべき成功を人類にもたらしたまさにそのような幾つかの性質が、人類を
滅亡させる可能性をもっとも多くはらんでいるものでもあるというのは、悲劇的
な逆説である。行く手に立ちはだかるように思えるあらゆる障害を征服するか破
壊しようとする情け容赦のない衝動は、同胞の人間に対しても止まらない。そし
て、人類は今や比類のない破壊兵器を所有しているが、ほとんどの動物がもって
いる同じ種同士殺し合いをしないようにする生得の安全装置が人類に欠如してい
るようなので、そのうち、人類全面殲滅を引き起こしてしまう可能性もある。

解　説

　神戸大学で出題された英文です。
　「我々の誰もが非難する種類の攻撃」は、小は殴り合いのような喧嘩から、大は
戦争に至る暴力行為まで比較的わかりやすいものです。
　「生き延びようとするならば否定してはならない種類の攻撃」のほうは、少しわ
かりにくいかもしれません。私が思うに、このもっとも典型的な例は食欲でしょ
う。わが家はクリスチャンではありませんが、クリスマスイブには鶏の骨付き肉
が出ます。骨をつかみ、前歯で肉を引きちぎり、奥歯で噛み砕き、そして胃袋へ

入れるのです。これなど生きる上でなくてはならない攻撃性でしょう。食べるというのが攻撃性であるということを無意識に感じ、恥ずかしかったためでしょうか、私が中学生、高校生のとき、幾人かの女生徒はお昼ご飯をそれこそ隠すようにして食べていたのを思い出します。

「知的達成」も筆者は攻撃性のなかに入れています。物事を知りたい、ある現象の理由を知りたい、いわゆる好奇心も攻撃性なのです。「困難を克服したい、つまり外界を支配したいという欲求は人間が成し遂げたうちの最大なものの基礎」とも言っていますが、学者に限らず企業で働いている人も、真剣に仕事をするというのは、攻撃性の一面なのです。「仕事などに真剣に取り組む、仕事に本腰を入れる」ことを、英語ではget one's teeth into…といい、文字どおりに訳すと、「…に牙をぶち込む」となります。この場合のteethは犬歯つまり牙になります。このように英語でも、真剣に仕事をするというのは、表現の上でも攻撃性を表しているのです。

　オーストリア人で動物行動学を創始した人に、コンラート・ローレンツ Konrad Lorenz（1903～1989）という学者がいます。中学校か、高等学校の生物で習う「刷り込み現象」（imprinting）を発見した人です。「刷り込み現象」についてはご存じのことと思いますが、とくに鳥類に多く見られる現象で、雛鳥が孵化したとき最初に目にするものを、自分の親・仲間と思ってしまう、生後わずかの時期に起こる特殊な学習行為で、研究者によるとその時期は24時間以内だそうです。この現象は哺乳類、とくに人間には見られません。ローレンツがこれに気がついたのは、ハイイロガンを飼育していたときに、ガンがローレンツを母親と間違えたことによります。詳しくは、ローレンツのなかでも読みやすい入門書というべき『ソロモンの指環』に書かれています。

　ところで、全世界で数千万人を殺害した第二次世界大戦はヨーロッパの知識人に深刻な影響を与えました。本文にあるように「同じ種同士を殺さないようにする生得の安全装置が人間には欠如している」ので、原水爆という核兵器を手にした人間は「そのうち、人類全面殲滅を引き起こしてしまう可能性もある」と、憂慮したのです。国際連合が生まれた一因もここにあります。この当時書かれたのが、ローレンツの主著である『攻撃　悪の自然誌』です。この本のなかでローレ

ンツは人間以外の動物は、同じ種同士を殺さない生得の安全装置を備えていると述べております。たとえば、2匹のオスの狼を同じ檻に入れると猛烈な闘いが始まります、しばらく争いますが、負けたと思った狼は自分の喉を相手の狼の口元に向けます、向けられた狼は本当は嚙み殺したいのですが、ここで生得の安全装置が働くのです。涎を垂らして嚙み殺そうとするのですが、できないのです。別の例として七面鳥の話が出てきます。雛を育てている親鳥は本当は自分の巣にいる雛を殺したいそうなのです。しかし雛の鳴き声を聞くとこの衝動が消えて、守りたい、餌をやりたいという生得の安全装置が働くのです。その証拠に雛を育てている親鳥の耳を潰して音が聞こえないようにして巣に戻して6時間後、雛はすべて食い殺されてしまうそうです。

この『攻撃 悪の自然誌』が出版された当時この本は大きな反響を呼び、同じ種同士を殺すのは人間だけだという認識が世界中に定着し、長いこと確信されていました。ローレンツはその後、ノーベル生理学・医学賞を受賞しています。

ところが、1962年に当時京都大学の大学院生で霊長類を研究していた杉山幸丸がインドの森で、ハヌマンラングールが子殺しをしているのを見つけました。ハヌマンラングールとはインドの古代叙事詩『ラーマーヤナ』にも出てくる白い猿で、東南アジア一帯に生息し、当地の人々からは神々の使徒と思われている猿です。杉山は早速このことを報告したのですが、同じ種同士を殺すのは人間だけだという認識が世界中に定着していたために、これは異常行動だということで、1960年代は無視されていました。認められるようになったのは1970年代に入ってからです。人間はある考え方、大袈裟に言えば思想・宗教に囚われてしまうと、たとえ目の前で起こっていることでさえ、見えなくなってしまう性質があります。杉山幸丸はその後、京都大学の霊長類研究所の所長になっており、『子殺しの行動学』という本を出しています。この本は題名が示しているように子殺しという、結論（犯人）はわかっているのですが、観察記録を読み進めると推理小説よりはるかに面白いものです。霊長類研究は日本が世界をリードしている数少ない研究分野の一つで、詳しくは立花隆がサル学者たちをインタビューしたかなり分厚いインタビュー集である『サル学の現在』を読むとよくわかります。

その後、子殺しはライオン、チンパンジー、ジリス、イルカなど多くの動物で

観察されています。子殺しをするのは、たいていハーレムを形成している動物です。新しいオスが群れを乗っ取ったときに、前のオスの子供たちを攻撃し、殺してしまうのです。というのは、子育てをしているメスは発情しないので、新しいオスは自分の子孫を残せないので、そこで子殺しが行われるのです。子供を殺されるとメスは発情し自分の子供を殺したオスと交尾し子供を産むのです。こうなると私などいわゆる母性愛というものがどうなっているのかわからなくなってきます。ただし、同じくハーレムを形成しているオットセイには子殺しはなく、乱婚を行っているチンパンジーには子殺しがあるそうで、子殺しの原因はいまだに解明されていないのが実情のようです。

スポーツ精神

(1) I am always amazed when I hear people saying that sport creates goodwill between the nations, and if only the common peoples of the world could meet one another at football or cricket, they would have no inclination to meet on the battlefield. (2) Even if one didn't know from concrete examples (the 1936 Olympic Games, for instance) that international contests lead to orgies of hatred, one could deduce it from general principles.

(3) Nearly all the sports practiced nowadays are competitive. You play to win, and the game has little meaning unless you do your utmost to win. (4) On the village green, where you pick up sides and no feeling of local patriotism is involved, it is possible to play simply for the fun and exercise: (5) but as soon as you feel that you and some larger unit will be disgraced if you lose, the most savage combative instincts are aroused. (6) Anyone who has played even in a school football knows this. At the international level sport is frankly mimic warfare. (7) But the significant thing is not the behavior of the players but the attitude of the spectators: and, behind the spectators, of the nations who work themselves into furies over these absurd contests, and seriously believe—at any rate for short period—that running, jumping, and kicking a ball are tests of national virtue.

(8) As soon as strong feelings of rivarity are aroused, the notion of playing the game according to the rules always vanishes. (9) People want to see one side on top and the other side humiliated and they forget that victory gained through cheating or through the intervention of the crowd is meaningless. (10) Even when the spectators don't intervene physically they try to influence the game by cheering their own side and "rattling" opposing players with boos and insults. (11) Serious sport has nothing to do with fair play. It is bound up with hatred, jealousy, boastfulness, disregard of all rules and sadistic pleasure in witnessing violence: in other words it is a war minus the shooting.

文章読解

(1)　I am always amazed when I hear people saying that sport creates goodwill between the nations, and if only the common peoples of the world could meet one another at football or cricket, they would have no inclination to meet on the battlefield

【語句・構文解説】

● I am always amazed = I am always surprised

● when 以下は副詞節で amazed を修飾。

● if only… 「もし…でありさえすれば」

● I hear people saying　hear という知覚動詞があるので saying と現在分詞となっている。

●the common peoples 「一般大衆、普通の諸国民」。peoples と複数形なので「人々」でなく「民族、国民」。

●have no inclination to do 「…する気持ちがない」

【訳】

　私はいつも、人々が、スポーツは諸国民の間に好意を作り出すもので、世界中の一般大衆が互いにフットボールかクリケットの試合で会することができれば戦場であいまみえるような気持ちはなくなるだろう、などというのを聞いて驚くのである。

(2)　Even if one didn't know from concrete examples (the 1936 Olympic Games, for instance) that international contests lead to orgies of hatred, one could deduce it from general principles.

【語句・構文解説】

●one　冠詞も修飾語もなしで、話者を含む「一般の人」。

●for instance=for example 「たとえば」

●That will only lead to trouble. 「そんなことをすれば面倒なことになるだけだ」

●orgies 「ばか騒ぎ」

●hatred 「憎悪」

●deduce 「演繹する、推論する」

【訳】

　国際間のスポーツ競技が憎悪のばか騒ぎに至ることは、具体的な例（たとえば 1936年のオリンピック・ゲーム）を知らなくとも、一般的原理から演繹できるはずである。

(3)　Nearly all the sports practiced nowadays are competitive. You play to win, and the game has little meaning unless you do your utmost to win.

【語句・構文解説】

● practiced nowadays は過去分詞の後置修飾で sports を修飾。

● do your utmost=do your best 「最善を尽くす」

【訳】

現在行われているほとんどすべてのスポーツは競争的である。勝つためにプレーをし、勝つために全力を尽くすのでないとゲームは意味がなくなる。

(4) On the village green, where you pick up sides and no feeling of local patriotism is involved, it is possible to play simply for the fun and exercise:

【語句・構文解説】

● pick up sides 「組を分ける、敵味方になる」

● local patriotism 「郷土愛」

● it is possible to play は it…to 構文。

【訳】

村の共有地で、組を分けるだけで、郷土愛というものが含まれていない場合は、ただ楽しみと運動のためにプレーすることもできる。

(5) but as soon as you feel that you and some larger unit will be disgraced if you lose, the most savage combative instincts are aroused.

【語句・構文解説】

● some larger unit 「何かもっと大きい単位」たとえば、クラス・地域・郷土・国家など。

larger と比較級は than you が省略。

● be disgraced 「面目がつぶれる」

● the most savage combative instincts この最上級を「いちばん…」と訳すのはいささかまずい。「およそ野蛮な闘争本能」

225

【訳】

しかしもし自分が負けると、自分やもっと大きな単位の面目がつぶれると感じるやいなや、およそ野蛮な闘争本能が呼び覚まされる。

(6) Anyone who has played even in a school football knows this. At the international level sport is frankly mimic warfare.

【語句・構文解説】

● frankly (speaking) 「率直に言って」
● mimic warfare 「小型の戦争、模擬戦争」

【訳】

学校のフットボールの試合にでも出たことのある人なら、誰でもこのことは知っている。国際的水準となると、スポーツは率直に言って模擬戦争である。

(7) But the significant thing is not the behavior of the players but the attitude of the spectators: and, behind the spectators, of the nations who work themselves into furies over these absurd contests, and seriously believe— at any rate for short period—that running, jumping, and kicking a ball are tests of national virtue.

【語句・構文解説】

● 前半は not… but の構文。
● of the nations の of のかかり方に注目、ここは attitude にかかっている。
● work themselves into furies 「激怒する、のぼせ上がる」
● over=concerning 「…に関して」
● at any rate 「何はともあれ」
● tests 「証左、証し」

【訳】

しかし重要なことは競技者の行為ではなくて観衆の態度であり、さらに、

観衆の背後にあって、こうした馬鹿げた競技にのぼせ上がり、走ったり、跳んだり、球を蹴ったりすることが国民的美徳の証しだと――ともあれ少しの間は――本気で信じている国民の態度である。

(8) As soon as strong feelings of rivarity are aroused, the notion of playing the game according to the rules always vanishes.

【語句・構文解説】
● strong feeling of rivarity 「強い敵愾心（てきがいしん）」
● according to 「…に従って」
【訳】
　強い敵愾心が喚起されるやいなや、ルールに従って競技するという気持ちはいつも吹っ飛んでしまう。

(9) People want to see one side on top and the other side humiliated and they forget that victory gained through cheating or through the intervention of the crowd is meaningless.

【語句・構文解説】
● on top=successful 「成功する、勝つ」
● see one side on top の第5文型。
　(V) 　(O) 　　　(C)
● humiliated 「面目を失う」
● gained through cheating or through the intervention of the crowd は victory にかかる後置修飾。
● intervention 「干渉、介入」
【訳】
　人々は一方が勝ち、他方が面目を失うのを見たがるもので、インチキや観衆の介入によって得た勝利は無意味だということを忘れる。

(10) Even when the spectators don't intervene physically they try to influence the game by cheering their own side and "rattling" opposing players with boos and insults.

【語句・構文解説】
- intervene　intervention の動詞形。「干渉する」
- physically　「肉体的に、実力で」
- by cheering　手段を示す by。
- rattling　「イライラさせる」
- insult　「侮辱、罵声」

【訳】
　観衆が実力で干渉しない場合でも、味方を応援し、ブーブー言ったり罵声を浴びせたりして敵方の選手を「イライラさせる」ことによって、試合を左右しようとする。

(11) Serious sport has nothing to do with fair play. It is bound up with hatred, jealousy, boastfulness, disregard of all rules and sadistic pleasure in witnessing violence: in other words it is a war minus the shooting.

【語句・構文解説】
- has nothing to do with　「なんの関係もない」
  I have nothing to do with the matter.「私はこの件とは関係がない」
- is bound up with　「…と結びついている」
  この with に hatred, jealousy, boastfulness, disregard of all rules and sadistic pleasure この5個の名詞がかかっている。
- in witnessing violence は文脈より sadistic pleasure だけを修飾。
- in other words　「言い換えれば、換言すれば」

【訳】

　真剣なスポーツとフェアプレーとはなんの関係もない。それは憎悪、嫉妬、自慢、規則無視、暴力を目撃することによるサディスティックな快楽と結びついている。言い換えればそれは戦争から射撃を引いたようなものである。

全　訳

　私はいつも、人々が、スポーツは諸国民の間に好意を作り出すもので、世界中の一般大衆が互いにフットボールかクリケットの試合で会することができれば戦場であいまみえるような気持ちはなくなるだろう、などというのを聞いて驚くのである。国際間のスポーツ競技が憎悪のばか騒ぎに至ることは、具体的な例（たとえば1936年のオリンピック・ゲーム）を知らなくとも、一般的原理から演繹できるはずである。

　現在行われているほとんどすべてのスポーツは競争的である。勝つためにプレーをし、勝つために全力を尽くすのではないとゲームは意味がなくなる。村の共有地で、組を分けるだけで、郷土愛というものが含まれていない場合は、ただ楽しみと運動のためにプレーすることもできる。しかしもし自分が負けると、自分やもっと大きな単位の面目がつぶれると感じるやいなや、およそ野蛮な闘争本能が呼び覚まされる。学校のフットボールの試合にでも出たことのある人なら、誰でもこのことは知っている。国際的水準となると、スポーツは率直に言って模擬戦争である。しかし重要なことは競技者の行為ではなくて観衆の態度であり、さらに、観衆の背後にあって、こうしたばかげた競技にのぼせ上がり、走ったり、跳んだり、球を蹴ったりすることが国民的美徳の証しだと——ともあれ少しの間は——本気で信じている国民の態度である。

　強い敵愾心が喚起されるやいなや、ルールに従って競技するという気持ちはいつも吹っ飛んでしまう。人々は一方が勝ち、他方が面目を失うのを見たがるもので、インチキや観衆の介入によって得た勝利は無意味だということを忘れる。観衆が実力で干渉しない場合でも、味方を応援し、ブーブー言ったり罵声を浴びせ

たりして敵方の選手を「イライラさせる」ことによって、試合を左右しようとする。真剣なスポーツとフェア・プレーとはなんの関係もない。それは憎悪、嫉妬、自慢、規則無視、暴力を目撃することによるサディスティックな快楽と結びついている。言い換えればそれは戦争から射撃を引いたものである。

解 説

George Orwell（1903〜1950）の The Sporting Spirit が出典です。

　毎日発刊されているスポーツ紙やいわゆる三大新聞のスポーツ欄を目にしている立場からは、いささか厳しいオーウェルのものの見方かもしれませんが、ただし物事の本質に迫っている文章でありましょう。

　下手なテニスをして汗をかきシャワーを浴びたあと、生ビールを飲むのは爽快なことで、私も否定などするつもりはありません。しかし、オーウェルが述べているように「国際間のスポーツ競技が憎悪のばか騒ぎ」になりがちであることは、残念ながら認めないわけにはいかないでしょう。

　オーウェルの言っている1936年のオリンピックとは第11回大会のベルリンで開催されたものです。ナチスが政権をとるまではドイツはオリンピック絶対反対の立場をとっていましたが、1933年にヒトラーが内閣を組織するや自ら力瘤を入れ始め、ナチス宣伝のために徹底的にこれを利用し始めました。今日まで行われている聖火リレーを始めたのもこの大会からです。2008年の北京大会の折に中国は国家の威信をかけて軍隊まで動員して聖火をチョモランマ（エベレスト）まで運んだ愚行を見れば、ヒトラーは大喜びをするでしょう。また、バレリーナであった30歳のレニ・リーフェンシュタールを監督に据えてオリンピック史上に残る映画『民族の祭典』『美の祭典』を作っています。この映画をナチスは宣伝のために徹底的に利用しました。ヒトラーも何回か出てきますが、白人とは握手するが、その一方で、黒人選手が活躍しても握手せず明らかな人種差別を行っています。『美の祭典』は映像的にも素晴らしいもので東京オリンピックの際、市川昆監督も参照しています。しかし、この成功がナチスの敗北後には、レニ・

リーフェンシュタールは戦争協力者として長い間弾圧を受けました。ちょうど指揮者のヴィルヘルム・フルトヴェングラーのように。他方にはトーマス・マンのように亡命し、「自分たちこそがドイツの正当な文化である」と宣言していた人もいます。

　ついでに言っておくと次回の開催国は日本に決定していたのですが、第二次世界大戦ゆえに中止されたことは、よく知られていることと思います。

　古代ローマ人はパンと見せ物を求め、次第に堕落していきました。今日の日本で言うならば低俗なテレビ番組とグルメブームでしょうか。古来国家の衰退は内部から起こっていることは歴史が示していることです。

　話をスポーツに戻しましょう。興奮・熱中・熱狂させ一時的に理性を麻痺させる強烈な力をスポーツがもっていることは否定できません。そう、人を祭りのような「ハレ」の気分にさせるのです。私が覚えているいちばん強烈な競技はオリンピックでのアイスホッケーでした。まだソ連が崩壊する前で、東欧諸国は本当は離反して西欧社会に入りたいのですが、ソ連の戦車が怖い（ポーランド反ソ暴動・ハンガリー事件・チェコ事件）。肉・果物の農作物から工業製品までもがそれこそ略奪されるように、ソ連に持って行かれてしまうのでした。このときのアイスホッケーのソ連対東欧諸国の試合は「戦争から射撃を引いただけ」のものでした。アイスホッケーは氷上の格闘技といわれるように、選手同士がぶつかり合い、スティックで殴り合うほどです。とりわけ３度の分割により事実上ロシアに併合された歴史のあるポーランド選手の激闘ぶりは、今でも語り草になっているほどです。まさに国家と国家の威信のぶつかり合いでした。メダリストが今日ほど英雄視されていなかった時代にあっても。だがオーウェルは見抜いているのです、「しかし重要なことは競技者の行為ではなくて観衆の態度であり、さらに、観衆の背後にあって、このばかげた競技にのぼせ上がり、走ったり、跳んだり、球を蹴ったりすることが国民的美徳の証しだと——少なくともしばらくの間は——本気で信じている国民の態度である。」ということを。

　オリンピックの選手をはじめスポーツ選手がことごとくその時の国家に取り込まれているのは、日本だけではなく、世界各国で見られることです。ある金メダリストが園遊会に招待された際「陛下のために死ぬ気でがんばりました」という

231

言葉を発したのを聞いて暗澹たる思いを抱いたことがあります。三島由紀夫の『英霊の声』の「すめろぎはなどて人となりたまひし」という、戦争直後の「人間宣言」までの名目上は天皇が「神」であった時代ならともあれ、平成の時代です。せめて一人くらい日の丸に拳をあげ、赤旗を掲げて場内を一周するのを見たいものです。カシアス・クレイ、後のモハメド・アリがこれをやっています。そういえば昭和天皇が崩御することになった重病の折、大相撲の親方、幕の内の力士全員が駆り出され病気平癒のために紋付羽織袴の正装で記帳しに行ったことが思い出されます。

　オリンピックは参加することに意義があるという建前がありながら、1980年のモスクワ大会では、ソ連のアフガニスタン侵攻に対する制裁措置として、アメリカ、そしてアメリカの属国（ポチ）であった（過去形であることを願うのみです）日本など64カ国が不参加を表明するという政治の道具に利用されました。

　さて、若いときに反帝国主義・反資本主義への志向が強かったオーウェルが社会主義への関心を示したのは自然のことで、スペイン内乱の際、義勇兵として共和派に投じ、そして生まれたのが、『カタロニア讃歌』（1938年刊行）です。しかしソビエト流の共産主義は結局のところ人間の尊重を踏みにじる全体主義であることを、アンドレ・ジイドの『ソヴィエト紀行』と共に見抜いていました。そしてその思想が作品となったのが『動物農場』（1945年刊行）です。『動物農場』は２時間程度で読み終えることのできる小説で、ソビエト共産主義、とりわけスターリン独裁のソビエト共産主義体制を徹底的に批判した風刺文学ですが、読んでみると、このソビエト批判と同時に、全体主義や独裁政治がどのような過程を経て生まれ、どう成長し、どれほど恐ろしいものになってゆくのかを一般化できる作品です。エラスムスの『痴愚神礼讃』、スウィフトの『ガリバー旅行記』の系列に属す風刺文学のなかでも、世界的な傑作の一つにこの『動物農場』は数えることができると私は思っています。一方、日本で戦後に狂信的な右翼を除いて、共産主義に対して真剣に取り組み誠実な態度で批判した最初の人は、論文「共産主義的人間」を書いた林達夫で、これが発表されたのは、『動物農場』刊行に遅れること6年の1951年です。

　スポーツは国際友好に貢献するなど、安易に考えないでください。今日でも、

国際的なサッカー試合では、観客同士が殴り合いの喧嘩をして死者が出ているくらいなのですから。

ついでに言いますと、スポーツに次いで政治・国家に利用されているのが、パンダに見られるような希少動物であることも見落としてはならないことです。日本にパンダが初めて来たのは、日中友好条約が締結されたのを記念して贈られたものです。「カンカン、ランラン」に日本の子供も大人も熱狂しました。

1940年、日中戦争において中国が日本の侵略に苦しんでおり、アメリカに参戦してもらいたいと願っていたときにアメリカに9年間も留学した経験のある宋美齢（中華民国の指導者であった蒋介石の妻）は、アメリカにパンダを2頭贈っており、当時のアメリカにおいて、一大パンダブームを引き起こしています。

No.26の前文

　これから読む英文は過去東京大学で出題された問題のなかで、内容がもっとも難しいといわれているものです。文構造はそれほど難解ではないのですが、何が書かれているかの理解が問われます。文構造も単語もわかるが何を言っているのかわからない、自分が訳した日本語がわからない、いったい自分は何を訳したのだろう、という経験は誰しもあると思います。本文の訳語で「体験」と「経験」を区別して使います。この二つの単語の区別は、じつは森有正によっています。勘の良い人は森有正の名前から初代文部大臣森有礼を連想する人がいるかもしれませんが、そのとおりで森有正は森有礼の孫に当たります。東京大学のフランス文学科の人で、デカルト、パスカルの研究者でした。第二次世界対戦後、日本がまだアメリカに統治されていて、海外へ行けなかった時代に、第1回のフランス政府給費留学生として、フランスに渡り1年後に帰国すれば、東京大学フランス文学科の教授の地位が約束されていた人です。ところが、1年後に森有正は東京大学に辞表を出し、そのままフランスに居ついてしまいます。1年くらいではフランスいや西洋の本質はつかめないというのがその理由です。まさに妻子をも捨ててしまった状態で、日本語を教えながらパリで暮らしていました。事実その後離婚しています。研究テーマは「デカルトにおける瞬間の問題」というものでしたが、20年経っても30年経っても、論文は完成しませんでした。西洋にとらわれすぎるあまり身動きができなくなってしまったのです。これは何も森有正だけに限った問題でなく、異文化と対面したときに起こる現象で、たとえば画家の藤田嗣治は戦争画を描いたことなどにより日本画壇に居づらくなったことも一因ですが、フランスに帰化しレオナルド・フジタと名乗りフランスで亡くなっています。論文は完成しませんでしたが、その代わり、晩年近くに『遙かなノートル・ダム』『木々は光を浴びて』『バビロンの流れのほとりにて』などの一連の哲学的エッセーを書き、当時はかなり読まれたものです。それらのなかで森有正がこだわったのが「経験」という言葉です。森有正によれば「経験」とは「体験」と違って、「体験」を重ね、その意味を深く問うことによって生まれる、根源的なものです。確かに、学習塾から予備校、果ては大学まで一日体験授業、体験スクーリングとは言いますが、経験授業とは言いませんね。恋愛経験があるとは言えますが、恋愛体験があるとは言えません。それは恋愛によって人は人生観などに大きな影響を受けるからです。どれほど大きな事でも一度だけでは「経験」とは言いません。たとえば、原爆体験とは言いますが、原爆経験とは言いません。戦争などの場合は戦争を体験したとも言うし、経験したとも言います。前置きが少し長くなりました、本文を読んでみましょう。

〈No.26〉

思い出

(1) The revivals of memory are rarely literal. We naturally remember what interests us and because it interests us. The past is recalled not because of itself but because of what it adds to the present. Thus the primary life of memory is emotional rather than intellectual and practical. (2) Savage man recalled yesterday's struggle with an animal not in order to study in a scientific way the qualities of the animal or for the sake of calculating how better to fight tomorrow, but to escape from the dullness of today by regaining the thrill of yesterday. (3) The memory has all the excitement of the combat without its danger and anxiety. To revive it and revel in it is to enhance the present moment with a new meaning, a meaning different from that which actually belongs either to it or to the past. (4) Memory is vicarious experience in which there are all the emotional values of actual experience without its strains and troubles. The triumph of battle is even more vividly felt in the memorial war dance than at the moment of victory; the conscious and truly human experience of the chase comes when it is talked over and re-enacted by the camp fire. (5) At the time of practical experience man exists from moment to moment, preoccupied with the task of the moment. As he re-surveys all the moments

in thought, a drama emerges with a beginning, a middle and a
movement toward the climax of achievement or defeat.

文章読解

(1) The revivals of memory are rarely literal. We naturally remember
what interests us and because it interests us. The past is recalled
not because of itself but because of what it adds to the present.
Thus the primary life of memory is emotional rather than
intellectual and practical.

【語句・構文解説】

● rarely 「めったに…ない」

● literal 「文字どおりの」

　literary 文学の / literate　読み書きのできる。

　　第1行目を直訳すると「記憶の復活はめったに文字どおりではない」と
なるが、これでは日本語とは言えない。内容を考えれば「過去が文字どお
りそっくりそのまま蘇ることはめったにない」となる。本文の内容を先取
りすれば、人間は嫌なことはなるべく思い出さず、自分に興味のあること
を、しかも美化して思い出す。読者のなかには浪人が確定したあの嫌な思
いを思い出す人もいるだろうし、ひどい失恋を思い出す人もいるだろうが、
「そっくりそのまま蘇ることは」まずなくて、何かしら、緩和して思い出
すものだ。むごい挫折を「文字どおりそっくりそのまま」思い出していた
ら、とても生きてはいけない。

● what interests us　what は関係代名詞で、この what 節は remember の
目的語。

● because it interests us の it = what interests us。

「我々は当然我々の興味関心を引くものを思い出す。というのもそれがま
さに我々の興味関心を引くものだからである」

● not … butの係り結びを見落とさないこと。

● because of …は前置詞的に用いて 「…のために（owing to）」。

I did not go out because of the rain.

「雨のために外出しなかった」

of itselfと読んではいけない。 cf. The door opened of itself. 「ドアは
ひとりでに開いた」

● what it adds to the present it = the past whatはaddsの目的語。

「過去はそれ自体のために思い出されるのでなく、過去が現在に加えるも
のゆえに思い出されるのである」

お年寄りは昔話をよくするが、それは過去そのものというより、何か脚色
されているものなので、だから「過去が現在に加えるもの」になる。

● life 英語のなかで私がもっとも苦手とする多義語で、意味は20以上あり、
翻訳するとき、いつも悩む。本文での意味は「生気を与えるもの、活力源、
原動力」。

Whiskey is the life of man. 「酒は男の人生だ」などと訳さないこと。

「ウィスキーは人間に活力を与える」→「酒を飲むと元気になる」

「このように、記憶を呼び覚ます第一の原動力は知的、実際的というより
もむしろ情緒的なものである」

この具体例が次の文章で展開される。

【訳】

　過去が文字どおりそっくりそのまま蘇ることはめったにない。我々は当然
我々の興味関心を引くものを思い出す。というのもそれがまさに我々の興味
関心を引くものだからである。このように、記憶を呼び覚ます第一の原動力
は知的、実際的というよりもむしろ情緒的なものである。

(2)　Savage man recalled yesterday's struggle with an animal not in
order to study in a scientific way the qualities of the animal or for

the sake of calculating how better to fight tomorrow, but to escape
from the dullness of today by regaining the thrill of yesterday.

【語句・構文解説】

● not … but …の構文であることを見抜くのが先決。

● animal「動物」では本文に合わない。「野獣」とすべき。 Savage man
とはおもに狩猟によって生活している人で、昔は「野蛮人」と訳していた
が、これは差別語で、「未開人」とすべきだ。勇猛果敢で有名なマサイ族
では、かつて一人前の男と認められるためには一人で槍を持ってライオン
を1頭倒さなければならなかった。

● in a scientific way 「科学的な方法で」

● for the sake of … 「…のために、…を目的として」

　She moved to the country for the sake of her health.

　「彼女は健康のために田舎に移った」

● calculate 「判断する、考える」

● how better to fight tomorrowは calculatingという動名詞の目的語。

● to escape も in order toの意味。

● dullness 「退屈、倦怠」

【訳】

　未開人は昨日のある野獣との苦闘を思い出すが、それは科学的な方法でそ
の野獣の性質を研究するためでも、あるいは明日いかにもっと巧妙に闘うか
を考えるためでもなく、昨日のスリルを取り戻すことによって、今日の倦怠
から逃れるためであった。

(3)　　The memory has all the excitement of the combat without its
danger and anxiety. To revive it and revel in it is to enhance the
present moment with a new meaning, a meaning different from that
which actually belongs either to it or to the past.

【語句・構文解説】

◉The memory 「その思い出」。 The を見落とさないこと。

「その思い出は、闘いの興奮をことごとく備えているが危険と不安は拭い去られている」

だから思い出すことが楽しいのだ。

◉To revive it and (to) revel in it の it = the memory of the combat
この文ではこの不定詞が名詞的用法で主語 is が動詞で to enhance…以下文末までが不定詞の名詞用法で補語になっている。S+V+C の第2文型。it is とは読まないこと。

◉revel in … 「…に耽ける」

◉enhance 「高める」

◉a new meaning, a meaning different…とは同格。

◉a meaning different from …は形容詞の後置修飾、「1語なら前置、2語以上まとまれば後置」というのが、英語の形容詞的修飾語句の大原則で、後置のもっとも代表的なものが関係詞節。

a fence about ten feet high 「高さ10フィートほどのフェンス」

◉from that which … that = the meaning 前出の名詞の代わりに用い、通例あとに修飾語句を伴う。この that は which の先行詞。

The temperature here is higher than that of Tokyo.

「ここの気温は東京（の気温）より高い」

◉I belong to the music club.

「私は音楽部員だ」

◉either to it or to the past it = the present moment

【訳】

　その思い出は闘いの興奮をことごとく備えているが、危険と不安は拭い去られている。その思い出を蘇らせ、それに耽けることは、現在の瞬間を、新しい意味で、すなわち現在あるいは過去のいずれかに実際属している意味とは違った意味で、高めることなのである。

239

（余談）

　この点こそが、思い出の重要なことなのです。現実というものは残念ながら、それほど楽しいものではありません。しかし、思い出になると「現在あるいは過去のいずれかに実際属している意味」とは異なり、美しくなるのです。

　旅の楽しみは旅が終わってから始まるのです。「ヨーロッパ5日間の旅、貴女に夢とロマンを」などという宣伝文句に誘われて、ヨーロッパへ行っても、5日間ではそれこそ大急ぎで、時差ぼけはするわ、水が変わるのでおなかはこわすわ、寝不足になるわ、知らない店に入ってぶったくられるわなどで「夢とロマン」は吹っ飛んでしまい、じつは観光どころではないのが実情なのです。しかし、現在のような写真機能が付いている携帯電話がなかったつい20年前までは、帰国してかろうじて撮った写真などが出来上がってくるには4、5日かかりました。もうその頃には体力も回復して、旅が思い出になっているのです。その写真をまだヨーロッパへ行ったことのない、そして行きたいと思っている人に見せるときに旅の楽しみは最高潮に達します。そうなのです、思い出こそが、現在の倦怠から逃れる唯一の手段なのです。

　ところで、唯美主義者といわれる芸術家がいますが、彼らにとっては美こそがすべてであります。しかし現実は厳しいもので、どれほど美しいものを作っても、時が経てば徐々に美は汚れてきます。あの宝石の翡翠ですら内部崩壊をするのです。つまり時間の風化作用からは免れることはできないのです。科学の用語を用いると、閉鎖系のなかではエントロピーの増大は不可逆的なのです。しかし唯美主義者にとって、この時間の風化作用は耐えられないことです。ところが、美をこの時間の風化作用から救う唯一の方法があるのです。それは最高の美を作り上げたまさにその瞬間にその美を破壊して、思い出に変えてしまうことなのです。美しいものがあったという思い出は風化しないのです。三島由紀夫の小説、とくに戯曲にこれが多くみられます。たとえば、『近代能楽集』のなかの『綾の鼓』『卒塔婆小町』、『朱雀家の滅亡』、『鹿鳴館』、澁澤龍彦の『サド公爵の生涯』が引き金となった女優だけが出演する『サド公爵夫人』などです。三島が全勢力を傾けて書いたと自分でも言っていた、書き出しの1巻はまだ見つかっていない『浜松中納言物語』という壮大

な輪廻転生を主題とした作品から着想を得た遺作となった『豊饒の海』全4巻の最終巻の『天人五衰』の最後の頁のいちばん最後には、自決した昭和45年11月25日と自分の命日が記されていますが、まさにその最終章で三島はこの小説を破壊しています。この最終章だけ読んでもだめですが、王朝文学の薫り豊かで、雅びな、限りなく美しい恋の物語『春の雪』、「神風連」の物語が挿入されている行動の書である『奔馬』、仏教の唯識論が延々と続く『暁の寺』と読み進めて、最終巻の『天人五衰』の最終章で、第1巻『春の雪』から60年後の齢80を越えた、今は月修寺の門跡となっている『春の雪』の主人公綾倉聡子の発する言葉でこの膨大な小説は根底から否定され、覆されています。『豊饒の海』が連載されていた月刊誌『新潮』の「正月号」でこの最終章を読んだとき、ここまで書いてしまったら、もう死ぬしかないと戦慄を覚えながら、私は納得したことを覚えています。

　私の年齢になると小学校の同窓会は楽しく懐かしいものですが、時にほろ苦い、少しばかり切ない思いをします。もちろん初恋の人のことです。姿を見たり、声を聞いたり、名前をノートに書いただけで、少年のあの僕の胸を締めつけた、可憐で清楚なあの少女が、でっぷり太った、立派なオバタリアンに変身しているではないですか。これではまるで、カフカの『変身』ではないでしょうか。夫の世話をし、姑に仕え、出来の悪い子供を育て、苦労はしたのでしょうが、酎ハイをガバガバ飲むわ、歯茎まで見せて大笑いするわ、時に下品な話題まで口にするわ、私の心には複雑な思いが去来します。僕の愛したあの少女はどこに行ってしまったのでしょう。彼女が20歳くらいで死んでくれていたらとひそかに思いました。そうであるなら、限りなく美しい少女がいたという思い出を私は一生抱くことができ、たまには思い出して静かに涙を流して、初恋の思いと共に少年時代を美化することができたでしょう。そうなのです、この時、私は時間の風化作用に傷つけられていたのです。中国の諺に、「3時間幸せになりたければ酒を飲め、3日幸せになりたければ結婚しろ、1週間幸せになりたければ豚を殺せ、一生幸せになりたければ釣りをしろ」というのがあります。まあ、釣りを勧める諺ですが、3日幸せになりたければ結婚しろ、というのは痛烈ですが、いささかの真理を突いています。ど

れほど愛し合っている二人でも毎日顔を付き合わせていれば、喧嘩の一つも
するでしょう。世界史に出てきたと思いますが、恋愛書簡文学の最高傑作に
アベラールとエロイーズの『往復書簡集』があります。アベラールはサン・
ドニ修道院長でエロイーズは彼の弟子でしたが、この二人の間に恋愛関係が
生まれました。しかし、中世時代のことですので、二人は引き裂かれそれぞ
れ別の修道院に入り二度と会うことはできず、往復の書簡だけが許されまし
た。もしこの二人が共に暮らしたら往復書簡どころか、喧嘩が絶えなかった
かもしれません。

　『赤と黒』で有名なスタンダールに、『恋愛論』という著作があり、そのな
かで「恋愛を最高度に高めるのは恋人の不在である」という言葉があります。
恋人が目の前にいないがゆえに恋愛感情が高まるのです。モーツァルトの音
楽祭で有名なザルツブルクは昔から塩が採れることで有名です。日本で暮ら
していると塩は海から採るものだと思いがちですが、世界の塩の消費量は岩
塩のほうが多いのです。ザルツとはドイツ語で塩のことで、歯磨きにザルツ
ライオンというのがあるでしょう。このザルツブルクの塩坑に枯れ枝を入れ
ておくと塩の結晶がつき、きらめくダイヤに覆われたようになり、2、3カ月
もすると元の枯れ枝を認めることができなくなるように、不在の愛の対象に
新しい美点を見いだす精神作用が、恋愛の特質で、これをスタンダールは「愛
の結晶作用」と呼んでいます。大切なのは、恋人の不在です。だが、凡人で
ある我々に果たして恋人の不在を耐えることができるでしょうか。「昔の空は
青い」、「思い出になれば何もかもが美しい」という言い方がありますが、こ
れは上に述べたことを無意識のうちに、人が表現したものなのでしょう。

　　「やがて私の父も死に、母も死んだ。思い出のすべてが美しい。明かりも美し
　　い。蔭も美しい。誰も悪いのではない。すべてが詩のように美しい。」
　　　　　　　　　　　　　　　　　　　　　（九鬼周造「岡倉覚三氏の思い出」）

　話が少し長くなりました、本文に戻りましょう。

(4) Memory is vicarious experience in which there are all the emotional values of actual experience without its strains and troubles.The triumph of battle is even more vividly felt in the memorial war dance than at the moment of victory; the conscious and truly human experience of the chase comes when it is talked over and re-enacted by the camp fire.

【語句・構文解説】

●vicarious　「代理の、代行の」

●even　比較級を強調する語、ほかに much / a lot / still / far/by far / a good deal。

　最上級の場合は　much / by far / the very。

●conscious　「意識的な」

●talk over　「十分に話す」

●re-enact　「再演する」

【訳】

　思い出は実際の体験の情緒的価値はことごとく備えているが、その体験の緊張と困難は伴わない代理の体験なのである。闘いの勝利感は勝った瞬間より戦勝祝賀記念舞踏において、はるかに生き生きと感じられるのである。狩猟の意識的で真の人間的経験は、狩猟という体験が焚き火の傍らで語られ、再演されたときにやってくるのである

（余談）

　諸君の場合でいえば、大学の合格発表で合格者の掲示板に自分の番号を見つけたときでしょう。万歳などと叫び、揚げ句に胴上げされたのはいいが、うまく受け止めてもらえず、骨折する者が毎年出ているようですが、多くの合格者はこれで受験勉強しなくてすむ、というホッとした気持ちになるものです。本当の喜びは家に帰り、お父さん、お母さんも喜んでくれ、自分の部屋に入り参考書を見ながら、じつは大して勉強しなかったかもしれないのに、

243

「俺も頑張った」などと独り言を言うときに、喜びは大きくなるのです。模擬試験などでどうしてもかなわなかった競争相手が落ちた、などということを聞くと、喜びはさらに倍加される、という性質が人間にはあります。何はともあれ、本文にもあるように、勝利の真の喜びは勝った瞬間でなく、あとからじっくりと来るものです。プロ野球の選手が優勝した瞬間よりあとで行われる、優勝祝賀のビールの掛け合いのときに喜びを爆発させているのが、この良い例でしょう。

(5) At the time of practical experience man exists from moment to moment, preoccupied with the task of the moment. As he re-surveys all the moments in thought, a drama emerges with a beginning, a middle and a movement toward the climax of achievement or defeat.

【語句・構文解説】

●preoccupied with　受動態の分詞構文で being が省略されたもの。

The child, (being) frightened at the sight of so many strange faces, burst into tears.

「知らない人がたくさんいるのを見て、わっと泣きだした」

He shrugged his shoulders, saying he didn't know and didn't care.

「彼は肩をすくめて、自分は知らないし気にもしないと言った」付帯状況の分詞構文。

●As　接続詞として用い、when よりも同時性が強い。

Just as he began to speak, there was a loud explosion.

「ちょうど彼が話し始めようとしたときに大爆発が起きた」

●re-survey　「再調査する、見直す」

●A rumor got about that Jack and Jean were going to divorce.

「ジャックとジーンが離婚しそうだといううわさが流れた」

that 以下文末までは rumor との同格で、rumor の直後に来るべきだが、長い要素は後ろにもってくるという、英語のもつ強い規則からこのように

分離している。その典型が形式主語の it。

with a beginning, a middle and a movement toward the climax of achievement or defeat は drama を修飾しているが、これが drama の直後に置かれると、とてつもなく頭でっかちというか、主語の部分が長く重たくなるので分離している。

- toward the climax of achievement or defeat は文意より movement だけを修飾。
- climax of achievement or defeat の of は同格。

the name of John 「ジョンという名前」

the fact of my seeing him

「私が彼と会ったという事実」

【訳】

　実際に体験している渦中、人は瞬間から瞬間へと存在しており、その瞬間の課す仕事に我を忘れているのである。頭の中ですべての瞬間をもう一度思い出すとき、発端部、中間部そして勝利あるいは敗北というクライマックスへと向かう展開部を備えた一つのドラマが現れるのである。

（余談）

　最後の文章にどうして、ドラマという単語が出てくるのでしょうか。ここは少し考えなければなりません。お年寄りはよく昔の話を何度もしますが、どうしてなのでしょう。現在が別に不幸というわけでもないのに、繰り返し思い出話をするのです。「昔の空は青い」という言い方がありますが、繰り返し話しているうちに、自分にとって都合の悪いところは削り面白い挿話を加え、話はだんだんと整理され、ついには一つの立派なドラマが生まれるのです。つまり、思い出とは私たちが無意識に行う芸術行為なのです。この文章は何も未開人の狩猟の話をしているのではなく、芸術の発生について述べているのです。

全　訳

　過去が文字どおりそっくりそのまま蘇ることはめったにない。我々は当然我々の興味関心を引くものを思い出す。というのもそれがまさに我々の興味関心を引くものだからである。このように、記憶を呼び覚ます第一の原動力は知的、実際的というよりもむしろ情緒的なものである。未開人は昨日のある野獣との苦闘を思い出すが、それは科学的な方法でその野獣の性質を研究するためでも、あるいは明日いかにもっと巧妙に闘うかを考えるためでもなく、昨日のスリルを取り戻すことによって、今日の倦怠から逃れるためであった。その思い出は、闘いの興奮をことごとく備えているが危険と不安は拭い去られている。その思い出を蘇らせ、それに耽けることは、現在の瞬間を、新しい意味で、すなわち現在あるいは過去のいずれかに実際属している意味とは違った意味で、高めることなのである。思い出は実際の体験の情緒的価値はことごとく備えているが、その体験の緊張と困難は伴わない代理の体験なのである。闘いの勝利感は勝った瞬間より戦勝祝賀記念舞踏において、はるかに生き生きと感じられるのである。狩猟の意識的で真の人間的経験は、狩猟という体験が焚き火の傍らで語られ、再演されたときにやってくるのである。実際に体験している渦中、人は瞬間から瞬間へと存在しており、その瞬間の課す仕事に我を忘れているのである。頭の中ですべての瞬間をもう一度思い出すとき、発端部、中間部そして勝利あるいは敗北というクライマックスへと向かう展開部を備えた一つのドラマが現れるのである。

No.27の前文

　これから読む英文は第1行目に出てくる、ハンナ・アーレント Hannah Arendt（1906
〜1975）の『人間の条件』(The Human Condition 1958年刊行）の現代の部分を要約
したものです。この『人間の条件』は古代ギリシャ・ローマから現代に至るまでの人間
の活動を扱った大部な著作で、とくに古代ギリシャ・ローマの時代については、膨大な
引用があり、読むのに苦労した覚えがあります。

　ハンナ・アーレントはユダヤ系ドイツ人で、1924年マールブルク大学で新進気鋭の
哲学者であったハイデッガー Martin Heidegger（1889〜1976）と出会い、哲学に没
頭します。ハイデッガーは結婚していましたが、二人は一時恋愛関係にありました。こ
のことは二人の没後に往復書簡の封印が解かれ、今日では出版され、公になっています。
その後フライブルク大学でフッサール Edmund Husserl（1859〜1938）に、ハイデル
ブルク大学ではヤスパース Karl Jaspers（1883〜1969）に師事しています。ナチスの
政権獲得によるユダヤ人迫害を逃れて1933年にはフランスに亡命、1940年のフランス
の降伏により、今度はアメリカに亡命しますが、反ナチスの運動には終始加わっていま
す。いわゆる象牙の塔に閉じこもって研究するだけでなく、実践活動も行っていました。

　主著はなんといっても『全体主義の起源』(The Origins of Totalitarianism 1951年
刊行）です。数年前に『現代思想』という雑誌がハンナ・アーレント特集を組みました。
ハイデッガーと出会ったころの写真を見ると、じつに可憐な少女です。頭が良くて、美
人で、しかも行動力があるという、まさに鬼に金棒といったところです。私のような凡
人が10人束になってもとてもかないません。高等学校の教科書には出てこないかもし
れませんが、20世紀の女性のなかでは最大の政治哲学者・社会学者で大学では必ず出
てくる名前ですので、覚えておいて損はありません。ハイデッガーはナチスに協力した
として一時追放されていましたが、アーレントの力添えもあり、その後解放されていま
す。少し長めの英文ですが、それほど難解でなく、内容的にいって諸君に得るものがあ
ると思います。

247

『人間の条件』

(1) So far as I know, Miss Hannah Arendt was the first person to define the essential difference between work and labor. To be happy, a man must feel, firstly, free and, secondly important. He cannot be really happy if he is compelled by society to do what he does not enjoy doing, or if what he enjoys doing is ignored by society as of no value or importance. (2) In a society where slavery in the strict sense has been abolished, the sign that what a man does is of social value is that he is paid money to do it, but a laborer today can rightly be called a wage slave. (3) A man is a laborer if the job society offers him is of no interest to himself but he is compelled to take it by the necessity of earning a living and supporting his family.

(4) The antithesis to labor is play. When we play a game, we enjoy what we are doing, otherwise we should not play it, but it is a purely private activity; society could not care less whether we play it or not.

(5) Between labor and play stands work. A man is a worker if he is personally interested in the job which society pays to him to do; what from the point of view of society is necessary labor is from his own point of view voluntary play.

(6) Whether a job is to be classified as labor or work depends,

not on the job itself, but on the tastes of the individual who undertakes it. The difference does not, for example, coincide with the difference between a manual and a mental job; a gardener or a shoemaker may be a worker, a bank clerk a laborer. (7) Which a man is can be seen from his attitude toward leisure. To a worker, leisure means simply the hours he needs to relax and rest in order to work efficiently. He is therefore more likely to take too little leisure than too much; he dies of a heart attack and forgets his wife's birthday. (8) To a laborer, on the other hand, leisure means freedom from compulsion, so that it is natural for him to imagine that the fewer hours he has to spend laboring, and the more hours he is free to play, the better. (9) What percentage of the population in a modern technological society are, like myself, in the fortunate position of being worker? I would say, at a guess, sixteen per cent, and I do not think that figure is likely to get bigger in the future.

(10) Technology and the division of labor have done two things: by eliminating in many fields the need for special strength or skill, they have made a very large number of paid occupations which formerly were enjoyable work into boring labor, and by increasing productivity they have reduced the number of necessary laboring hours. (11) It is already possible to imagine a society in which the majority of the population, that is to say, its laborers, will have almost as much leisure as in earlier times was enjoyed by the aristocracy. When one recalls how

aristocracies in the past actually behaved, the prospect is not cheerful. (12) Indeed, the problem of dealing with boredom may be even more difficult for such a future mass society than it was for aristocracies. The latter, for example, knew how to use their time ceremoniously; there was a season to shoot winged game, a season to spend in town, etc. (13) The masses are more likely to replace an unchanging mode of life by fashion which it will be in the economic interest of certain people to change as often as possible. Again, the masses cannot go in for hunting, for very soon there would be no animals left to hunt. (14) For other aristocratic amusements like gambling, dueling, and warfare, it may be only too easy to find equivalents in dangerous driving, drugtaking, and senseless acts of violence. (15) Workers seldom commit acts of violence, because they can put their aggression into their work, be it physical like the work of a smith, or mental like the work of a scientist or an artist. The role of aggression in mental work is aptly expressed by the phrase "getting one's teeth into a problem."

文章読解

(1)   So far as I know, Miss Hannah Arendt was the first person to define the essential difference between work and labor. To be happy, a man must feel, firstly, free and, secondly, important. He

cannot be really happy if he is compelled by society to do what he does not enjoy doing, or if what he enjoys doing is ignored by society as of no value or importance.

【語句・構文解説】

● So far as… 「…する限りでは」

So far as I know, she is a kind girl.

「私の知っている限りでは彼女は親切な女の子です」

● difference between work and labor

これから work と labor の定義が行われるので、ここでは無理に日本語に訳さずに「ワーク」「レーバー」のままにしておく。

● To be happy　不定詞の副詞的用法で in order to be happy。

● feel, firstly, (that he is) free and, secondly (that he is) important

● be compelled to do… = be forced to do… 「…せざるをえない」

● do what he does not enjoy doing　what… doing は名詞節で do の目的語。

● enjoy doing　enjoy は動名詞を目的語にとり不定詞はとれない動詞で知っていると思うが、このような動詞を megafepsd と覚える。

mind / enjoy / give up / avoid / finish / escape / practice / stop / deny の頭文字を取ったもの。もちろんこれ以外にもあるが、当面はこれを覚えること。He finished reading. とは言えても He finished to read. とは言えない。

● what he enjoys doing も名詞節で is の主語。

● of no value or importance　of ＋抽象名詞 ＝形容詞

of value = valuable / of importance = important / of use = useful

of interest = interesting

【訳】

　私の知る限り、ワークとレーバーの本質的な違いを最初に定義したのは、ハンナ・アーレント氏である。幸せであるためには、人はまず最初に自由であると感じ、次に自分が重要だと感じなければならない。やって楽しく

251

ないことをやるようにと社会から強制されたり、あるいは自分が楽しんで
やっていることが社会から価値がないとか重要でないとして無視されたら、
人は本当には幸せになれない。

(2) In a society where slavery in the strict sense has been
abolished,the sign that what a man does is of social value is that
he is paid money to do it, but a laborer today can rightly be called a
wage slave.

【語句・構文解説】

●slavery 「奴隷制度」

●in the strict sense　senseは多義語だが「意味」の意で用いるときはし
ばしばinと共に用いる。in a sense 「ある意味で」

He is a gentleman in every sense of the word.
「彼はあらゆる意味で紳士である」

●abolish 「廃止する」

●the sign that what a man does is of social value
signも多義語だが、ここでは「証拠、しるし」。
thatが大切な用法で同格の名詞節をつくる接続詞「～という」と訳すとう
まくいく。

There is no proof that he stole it.
「彼がそれを盗んだという証拠はない」

●what a man does is of social value
　(S)　　　　　　　(V)　　　　　　(C)
「ある人がやっていることが社会的価値がある」

●the sign that what a man does is of social value is that …文構造は、
　(S)　　　　　　　　　　　　　　　　　　　　　(V)(C)
　1番目のthatは同格の接続詞。
　2番目のthatは名詞節をつくり補語となっている。

252

- to do it　不定詞の副詞的用法で「それをすれば」。
- laborer today can rightly be called a wage slave

受動態で助動詞があり動作主がない場合、そのまま訳すのでなく態を変えると日本語としてとおりがよい。

He cannot be trusted (by us).「彼は信用されることができない」

→ We cannot trust him.「彼は信用できない」

なお、rightly は文修飾の副詞。

This island is rightly called an earthly paradise.

「この島が地上の楽園と呼ばれるのももっともだ」

したがってこの箇所は、

we can rightly call a laborer today a wage slave

(S)　　　　　　(V)　　(O)　　　　　　　　(C)

と書き換えると訳しやすい。

【訳】

　厳密な意味で奴隷制度が廃止されている社会のなかで、ある人がやっていることが社会的価値がある証しは、それをすれば金を払ってもらえることである。しかし、今日レーバラーを賃金奴隷と呼ぶのは正しいのである。

(3)　A man is a laborer if the job society offers him is of no interest to him -self but he is compelled to take it by the necessity of earning a living and supporting his family.

【語句・構文解説】

- by the necessity of …　「…の必要に迫られて、やむを得ず」
- earn a living　「生活費を稼ぐ」
- support one's family　「家族を養う」

【訳】

　社会がある人に与える仕事が、その人自身にとっては少しも面白くないのだが、しかし生活費を稼ぎ、家族を養う必要に迫られて、その仕事をやらざ

るを得ない場合、人はレーバラーである。

＊以上でアーレントによるレーバーとレーバラーの定義が明確になったことを
確認してください。

(4) The antithesis to labor is play. When we play a game, we enjoy
what we are doing, otherwise we should not play it, but it is a purely
private activity; society could not care less whether we play it or not.

【語句・構文解説】

● antithesis 「反対物」 ギリシャ語が語源なので複数形は antitheses。
basis / oasis / crisis

● what we are doing の wh-節は enjoy の目的語。

● otherwise 接続詞的に用いる副詞で「もしそうでなければ（if not）」。
I left home five minutes earlier, otherwise I would have missed the
train.
「私は５分早めに家を出た、そうでなかったならばその電車に遅れていた
だろう」
したがって、should は仮定法過去、otherwise に if-節が含まれている。

● could not care less care は通例、否定・疑問・条件文で、
「心配する、気にかける」。
less は動詞を修飾。
could は仮定法過去。
このまま直訳すると「より少なく気にかけることはできないであろう」
→「まったく気にかけないであろう」

【訳】

レーバーと正反対のものはプレーである。私たちがあるゲームをするとき、
やっていることを楽しんでいるのである。そうでなければやるわけがない。

254

しかしそれは純粋に個人的な活動であり、我々がそれをしようがしまいが、社会はまったく気にかけないであろう。

＊以上でプレーの定義がなされました。

(5) Between labor and play stands work. A man is a worker if he is personally interested in the job which society pays to him to do; what from the point of view of society is necessary labor is from his own point of view voluntary play.

【語句・構文解説】

● 場所を示す副詞句が文頭に来て倒置が起きる。ただし、主語が名詞の場合に限られ、代名詞の場合はリズムの関係で倒置は起こらない。動詞は be / stand / lie / sit など。

At the top of the hill stood the tiny chapel.
　　　　　　　　　　　　　(V)　　　　　　(S)

「丘の上にその小さい教会が建っていました」

● which の先行詞は job で do の目的語。

● to do は条件を示す不定詞の副詞的用法。

I would give anything to know where she is.

「彼女の居所がわかれば、なんでも差し出すのだが」

● from the point of view of society 「社会の観点からすると」

from his own point of view 「彼自身の観点からすると」

したがって、この二つの副詞句をとれば、

what is necessary labor is voluntary play
(S)　　　　　　　　(V)　　　　　(C)

【訳】

レーバーとプレーの間にワークがある。仕事をすれば社会が金を払ってくれ、

個人的にその仕事に興味があれば、その人はワーカーである。社会の観点からすると必要なレーバーが、それをするその人自身の観点からすると、自ら進んでする楽しいプレーなのだ。

＊以上でワークの定義が終わりました。

(6) Whether a job is to be classified as labor or work depends, not on the job itself, but on the tastes of the individual who undertakes it. The difference does not, for example, coincide with the difference between a manual and a mental job; a gardener or a shoemaker may be a worker, a bank clerk a laborer.

【語句・構文解説】
- Whether a job is to be classified as labor or work の Whether 節が主語で depends, not on …, but on … のように depends が動詞でこれに not … but … という係り結びが付いている。
- is to be classified be to 不定詞は予定・義務・運命・可能・目的と意味はいろいろだが、ここでは義務だろう。
  This exit is not to be used except in case of emergency.
  「この出口は緊急の場合以外は使用禁止です」
- depends on 本文では「頼る」ではなく「…次第である」。
  Our success depends entirely upon the weather.
  「我々が成功するかどうかはまったく天候次第である」
- tastes と複数形なので「味」ではなく「好み、好き嫌い」。
- coincide with … 「…と一致する」
- a bank clerk (may be) a laborer
【訳】
　ある仕事を、レーバーと分類すべきか、それともワークと分類すべきかは、

その仕事自体によって決まるのでなく、その仕事をやる個人の好き嫌い次第である。たとえば、この違いは、肉体的な仕事と知的仕事との違いとは一致しない。植木屋や靴職人がワーカーかもしれないし、銀行員がレーバラーかもしれない。

(7) Which a man is can be seen from his attitude toward leisure. To a worker, leisure means simply the hours he needs to relax and rest in order to work efficiently. He is therefore more likely to take too little leisure than too much; he dies of a heart attack and forgets his wife's birthday.

【語句・構文解説】

● Which a man is　この Which は疑問代名詞で、一定数のもの・人のなかからの選択に関して用いる「どちら」。この which 節が主語。

● can be seen (2) でやった laborer today can rightly be called と同じで態を変えて、

We can see which a man is from his attitude toward leisure. とすると訳しやすい。

● see　「見る」でなく「わかる」。

I see what you mean.「君の言いたいことはわかる」

● leisure　「レジャー」でなく「余暇」。大学入試ではたいていは後者の意味で用いている。

● the hours (which) he needs to relax and rest in order to work efficiently

to relax and rest は hours を修飾する形容詞句。

in order to work efficiently は needs を修飾する副詞句。

● is likely to do　「…しそうである、…しがちである」

● die of　「病気・飢え・老齢で死ぬこと」

die from　「外傷・不注意に起因して死ぬこと」

【訳】

　ある人がどちらかは、余暇に対してどういう態度をとるかによって見分けることができる。ワーカーにとって余暇は、効果的にワークするために必要とする、くつろぎ、休息する時間を単に意味している。したがって、ワーカーは余暇を多くとりすぎるよりも、とり方が少なすぎになりがちである。ワーカーは心臓発作で死んだり、奥様の誕生日を忘れたりするのである。

＊この「奥様の誕生日を忘れ」という表現があるのでアメリカ社会のことだとわかります。ここだけ少しばかりユーモアがあります。

(8) To a laborer, on the other hand, leisure means freedom from compulsion, so that it is natural for him to imagine that the fewer hours he has to spend laboring, and the more hours he is free to play, the better.

【語句・構文解説】

●on the other hand 「一方」

●compulsion 「強制」

●so that 「だから、それゆえ」

　Someone removed his brushes, so that he couldn't paint.

　「誰かが刷毛を片付けたので彼は絵を描けなかった」

●it is … for〜to … 典型的な形式主語構文。

●imagineの目的語は that 以下の文末までの名詞節。ここに the 比較級が入ってくる。

●The more we have, the more we want.

　「持てば持つほどますます欲しくなる」

　the 比較級を二つ組み合わせるのが基本形であるが、the 比較級が三つになることもある。この構文は前半と後半をつなぐのに接続詞を用いない形であるから、andの位置に注意して andのないほうを大きな切れ目と考え

ること。

The more you develop a garden and the more you know about it, the more absorbing is the interest of it.

「庭に手を加え、庭について知ることが多くなればなるほど、その分だけその面白さに心を奪われるものである」

● the fewer hours he has to spend laboring

the fewer hours は has の目的語、to spend laboring は hours を修飾する形容詞句。

● and the more hours he is free to play　the more hours は play にかかる副詞句。

● the better (it is)　この省略されている it は漠然とした状況を示すもの。

It's very pleasant here in the mountain.

「この山の生活はじつに快適です」

【訳】

　一方、レーバラーにとって、余暇は強制からの解放を意味する。したがって、レーバラーがレーバーして過ごす時間が少なければ少ないほど、そして解放されて遊ぶ時間が多ければ多いほど、その分ますますありがたいと思うのはもっともなことである。

(9)　What percentage of the population in a modern technological society are, like myself, in the fortunate position of being worker? I would say, at a guess, sixteen per cent, and I do not think that figure is likely to get bigger in the future.

【語句・構文解説】

● What percentage of the population が主語で are が動詞の S+V の第1文型。

percentage of 名詞が主語になる場合の数は of に続く名詞の数と一致する。

Only a small percentage of young people travel abroad.

259

「若い人のうち少数しか海外旅行をしない」

people も population も共に集合名詞なので複数として扱う。

●the fortunate position of being worker の of は同格。

the fact of my seeing him 「私が彼に会ったという事実」

●I would say　語調緩和の would。

I would rather not go today.「今日はあまり行きたくない」

●at a guess「推定で」

●I do not think that figure is likely to …

主節の否定語は日本語にするときには、従属節に移動したほうが自然な日本語になる。

I do not think that it will rain.「雨は降らないと思う」

【訳】

現代の科学技術の社会のなかの総人口の何パーセントの人々が、私自身のような、ワーカーという恵まれた境遇にいるだろうか。推定だが、16パーセントと言ってみたい。そして将来、この数字がもっと大きくなる可能性はないと私は考えている。

(10)　　Technology and the division of labor have done two things: by eliminating in many fields the need for special strength or skill, they have made a very large number of paid occupations which formerly were enjoyable work into boring labor, and by increasing productivity they have reduced the number of necessary laboring hours.

【語句・構文解説】

●eliminate 「排除する、除去する」

目的語は the need for special strength or skill

●strength 「(人の)長所」

●make A into B 「A を B に変える」　本文では A は a very … enjoyable

workでBはboring laborです。

She made the material into a dress.

「彼女はその材料からドレスを作った」

● a number of … 「…たくさんの（複数で受ける）」

the number of … 「…の数（単数で受ける）」

A number of cars are running.「たくさんの車が走っている」

The number of cars is increasing.「車の数が増えている」

● boring　分詞形容詞で「退屈にさせる」。boredは「退屈にさせられた」。

boring lesson　「退屈にさせる授業→退屈な授業」

bored student　「退屈にさせられた学生→退屈している学生」

boring man　「退屈な人」　　bored man「退屈している人」

【訳】

　科学技術と分業は二つのことを成し遂げてしまった。多くの分野で専門技術を排除することにより、この両者は以前は楽しいワークで金を払ってもらえた多くの職業を退屈なレーバーに変えてしまったのである。次に生産性を高めることにより必要なレーバーの時間数を減少させてしまったのである。

(11)　It is already possible to imagine a society in which the majority of the population, that is to say, its laborers, will have almost as much leisure as in earlier times was enjoyed by the aristocracies. When one recalls how aristocracy in the past actually behaved, the prospect is not cheerful.

【語句・構文解説】

● It … to do の形式主語構文。

● that is to say 「すなわち」

● the majority of the population と its laborers は同格で in which以下の形容詞節の主語。

● as much leisure as　の2番目のasは関係代名詞、先行詞はleisureで、

was enjoyed の主語として働いている。

Such men as heard him praised him.

「彼の話を聞いた人々は彼をほめた」

● one　無冠詞で修飾語句もない場合、話者を含む「一般の人」、ただし日本語にするときには、訳さないほうがよい。

One must obey one's parents.「親には従わねばならない」

【訳】

　国民の大多数、すなわち社会のレーバラーたちが以前貴族が享受していたのとほぼ同じ余暇をもつようになる社会を想像することはすでに可能である。昔貴族たちが実際にどう行動していたかを思い出してみたとき、将来の展望は明るいものではない。

(12)　　Indeed, the problem of dealing with boredom may be even more difficult for such a future mass society than it was for aristocracies. The latter, for example, knew how to use their time ceremoniously; there was a season to shoot winged game, a season to spend in town, etc.

【語句・構文解説】

● the problem of dealing with boredom の of は前にやった同格。

● deal with …　His lecture dealt with air pollution.

　「彼の講演は大気汚染を扱った」事柄を扱う。

　deal in …This shop deals in kitchen utensils.

　「この店は台所用品を扱う」商品を扱う。

● even　比較級を強める単語、ほかには much / a lot / still / far /by far / a good deal。

　最上級の場合は much / by far / the very。

● The latter「後者」本文では aristocracies。

● ceremoniously　「儀式的に、年中行事に従って」

●winged game 「猟鳥」

【訳】

　実際、倦怠を取り扱うという問題はそのような将来の大衆にとっては、過去の貴族たちよりはるかに困難かもしれない。たとえば、後者は自分たちの時間を年中行事に従って使う術を心得ていた。猟鳥を狩る季節があり、都会で過ごす季節があり、その他などなど。

(13)　　The masses are more likely to replace an unchanging mode of life by fashion which it will be in the economic interest of certain people to change as often as possible. Again, the masses cannot go in for hunting, for very soon there would be no animals left to hunt.

【語句・構文解説】

●more　とあるが比較の対象は文脈により明らかだから省略。

　than aristocracies　が省略されている。

●replace A by B 「A を B と取り替える」

　We replaced our oil heating by gas.

　　「灯油による暖房をガス暖房に取り替えた」

●an unchanging mode of life 「一定不変の生活様式」（昔の貴族たちが年中行事に従って生活したこと）

●which の先行詞は fashion で to change の目的語になっている。

●it は形式主語で to change を指している。

●in the interest of country 「国のために」

●And again, it is not legal. 「それにまた、それは合法的ではない」

●go in for 「…に熱中する、 …が好きである」

　He goes in for gambling.

　　「彼は賭けにのめり込んでいる」

●There+be+S+ 分詞の訳は　S+be+ 分詞とすると意味がとりやすい。

　there would be no animals left to hunt → no animals would be left

263

to hunt.

There is little wine left in the bottle. → Little wine is left in the bottle.

There was a girl reading a book in the train. → A girl was reading a book in the train.

● would は仮定法過去。

What would you do if this building caught fire?

「もしこの建物が火事になったら、あなたはどうしますか」

【訳】

　大衆は一定不変の生活様式の代わりに流行をはるかに追い求めるであろう。そしてその流行をできるだけ頻繁に変えることが、ある種の人々には経済的利益になるだろう。さらに、大衆は狩猟に熱中できないだろう。というのも、狩猟する動物が極めて近いうちにいなくなってしまうだろうから。

(14)　　For other aristocratic amusements like gambling,dueling, and warfare, it may be only too easy to find equivalents in dangerous driving, drugtaking, and senseless acts of violence.

【語句・構文解説】

● For other aristocratic amusements like gambling, dueling, and warfare は equivalents にかかる。equivalent for … 「…に相当するもの」

What is the English equivalent for "tatami"?

「『たたみ』に相当する英語は何ですか」

● it … to　の形式主語構文。

● only too　「残念ながら、遺憾ながら」

The news of the accident was only too true.

「事故のニュースは遺憾ながら本当だった」

【訳】

　賭博、決闘、戦争などの貴族たちの他の幾つかの娯楽に相当するものを、

危険な車の暴走、麻薬摂取、無意味な暴力行為に見いだすのは残念ながらいともたやすいことになろう。

(15) Workers seldom commit acts of violence, because they can put their aggession into their work, be it physical like the work of a smith, or mental like the work of a scientist or an artist. The role of aggression in mental work is aptly expressed by the phrase "getting one's teeth into a problem."

【語句・構文解説】

●put a plan into practice = carry out a plan「計画を実行に移す」

● A book may be compared to your neighbor. If it be [is] good, it cannot last too long; if bad, you cannot get rid of it too early.
　「書物は隣人にたとえられる。良いものならいくら長続きしてもよいし、悪いものならいくら早く縁を切っても早すぎることはない」
Whether your life be [is]a long one or short one, it is important to live it well.
　「長かろうと短かろうと、人生は立派に生きることが大事である」
動詞の原形を使う仮定法現在でいささか古風な用法で、現在ではカギカッコに書いてある直説法現在形を用いる。
be it physical　は倒置形にして if / whether を省略した副詞節。
whether / if it be physical … or (it be) mental …が本来の形。
If it were not for water, we could not live.
　「水がなければ、生きられない」
この文章で if を省略すると Were it not for water, we could not live.
Be it ever so humble, there is no place like home.
　「どれほど粗末でも、わが家のような場所はない」→「埴生の宿もわが宿」

●physical　「物質的な、肉体の、物理学の」
●aptly　「十分に、適切に」

●get one's teeth into … 「…に真剣に取り組む、…に食らいつく」

【訳】

　ワーカーたちは滅多に暴力行為を犯さない。なぜなら彼らは自分の闘争本能を自分のワークのなかに入れることができるからだ。それが鍛冶屋のような肉体的ワークであろうと科学者や芸術家のような知的ワークであろうと。知的ワークの攻撃的な役割は、「問題に食らいついている」という成句に適切に表現されている。

全　訳

　私の知る限り、ワークとレーバーの本質的な違いを最初に定義したのは、ハンナ・アーレント氏である。幸せであるためには、人はまず最初に自由であると感じ、次に自分が重要だと感じなければならない。やって楽しくないことをやるようにと社会から強制されたり、あるいは自分が楽しんでやっていることが社会から価値がないとか重要でないとして無視されたら、人は本当には幸せになれない。厳密な意味で奴隷制度が廃止されている社会のなかで、ある人がやっていることが社会的価値がある証しは、それをすれば金を払ってもらえることである。しかし、今日レーバラーを賃金奴隷と呼ぶのは正しいのである。社会がある人に与える仕事が、その人自身にとっては少しも面白くないのだが、しかし生活費を稼ぎ、家族を養う必要に迫られて、その仕事をやらざるをえない場合、人はレーバラーである。

　レーバーと正反対のものはプレーである。私たちがあるゲームをするとき、やっていることを楽しんでいるのである、そうでなければやるわけがない。しかしそれは純粋に個人的な活動であり、我々がそれをしようがしまいが、社会はまったく気にかけないであろう。

　レーバーとプレーの間にワークがある。仕事をすれば社会が金を払ってくれ、個人的にその仕事に興味があれば、その人はワーカーである。社会の観点からすると必要なレーバーが、それをするその人自身の観点からすると、自ら進んです

る楽しいプレーなのだ。

　ある仕事を、レーバーと分類すべきか、それともワークと分類すべきかは、その仕事自体によって決まるのでなく、その仕事をやる個人の好き嫌い次第である。たとえば、この違いは、肉体的な仕事と知的仕事との違いとは一致しない。植木屋や靴職人がワーカーかもしれないし、銀行員がレーバラーかもしれない。ある人がどちらかは、余暇に対してどういう態度をとるかによって見分けることができる。ワーカーにとって余暇は、効果的にワークするために必要とする、くつろぎ、休息する時間を単に意味している。したがって、ワーカーは余暇を多くとりすぎるよりも、とり方が少なすぎになりがちである。ワーカーは心臓発作で死んだり、奥様の誕生日を忘れたりするのである。一方、レーバラーにとって、余暇は強制からの解放を意味する。したがって、レーバラーがレーバーして過ごす時間が少なければ少ないほど、そして解放されて遊ぶ時間が多ければ多いほど、その分ますますありがたいと思うのはもっともなことである。

　現代の科学技術の社会のなかの総人口の何パーセントの人々が、私自身のような、ワーカーという恵まれた境遇にいるだろうか。推定だが、16パーセントと言ってみたい。そして将来、この数字がもっと大きくなる可能性はないと私は考えている。

　科学技術と分業は二つのことを成し遂げてしまった。多くの分野で専門技術を排除することにより、この両者は以前は楽しいワークで金を払ってもらえた多くの職業を退屈なレーバーに変えてしまったのである。次に生産性を高めることにより必要なレーバーの時間数を減少させてしまったのである。国民の大多数、すなわち社会のレーバーたちが以前貴族たちが享受していたのとほぼ同じ余暇をもつようになる社会を想像することはすでに可能である。昔貴族が実際にどう行動していたかを思い出してみたとき、将来の展望は明るいものではない。実際、倦怠を取り扱うという問題はそのような将来の大衆にとっては、過去の貴族たちよりはるかに困難かもしれない。たとえば、後者は自分たちの時間を年中行事に従って使う術を心得ていた。猟鳥を狩る季節があり、都会で過ごす季節があり、その他などなど。大衆は一定不変の生活様式の代わりに流行をはるかに追い求めるであろう。そしてその流行をできるだけ頻繁に変えることが、ある種の人々に

は経済的利益になるだろう。さらに、大衆は狩猟に熱中できないだろう。というのも、狩猟する動物が極めて近いうちにいなくなってしまうだろうから。賭博、決闘、戦争などの貴族たちの他の幾つかの娯楽に相当するものを、危険な車の暴走、麻薬摂取、無意味な暴力行為に見いだすのは残念ながらいともたやすいことになろう。ワーカーたちは滅多に暴力行為を犯さない。なぜなら彼らは自分の闘争本能を自分のワークのなかに入れることができるからだ。それが鍛冶屋のような肉体的ワークであろうと科学者や芸術家のような知的ワークであろうと。知的ワークの攻撃的な役割は、「問題に食らいついている」という成句に適切に表現されている。

解説

前半で見事に「レーバラー」が定義されています。「社会がある人に与える仕事が、その人自身にとっては少しも面白くないのだが、しかし生活費を稼ぎ、家族を養う必要に迫られて、その仕事をやらざるをえない場合、人はレーバラーである」。残念ながらサラリーマンの多くはレーバラーのようです。朝の通勤電車の中の彼らを観察してみてください。すし詰めの状態ということもありますが、みな不機嫌そうで「今日も会社だ、うれしいな」などという顔にはほとんどお目にかかれません。

「ある仕事を、レーバーと分類すべきか、それともワークと分類すべきかは、その仕事自体によって決まるのでなく、その仕事をやる個人の好き嫌い次第である」と書いてありました。たとえば家事などがこれに当たりましょう。愛する人と結婚し、その人の子供を産み育てることに喜びを覚えるなら家事はワークです。なぜなら、皆が快適に暮らせるように働くことは苦痛でなく、喜びだからです。一方、うちの夫は出世しないで酒ばかり食らい自分勝手であると思い、子供はどれも夫似で出来が悪く、食事どころか弁当を作るのも、掃除・洗濯も苦痛であれば、家事はレーバーです。同じことをしても「その仕事をやる個人の好み次第」なのです。

私の友人に金属工学をやっている人がいます。実験結果が知りたくてほとんど大学に泊まりきりで、こんな楽しいことをやって給料がもらえるとはありがたいと、どうも心から思っているみたいです。確かに彼はワーカーですが、奥さんはいささか不満のようです。それこそ、結婚記念日や「奥様の誕生日を忘れたりするのである」からです。

　ここまで読めば、幸せになるにはワーカーでなければならないという、アーレントの主張が納得できるでしょう。アーレントは総人口のなかでワーカーは16パーセントと言っていますが、いささか甘い数字かもしれません。

「科学技術と分業は二つのことを成し遂げてしまった。多くの分野で専門技術を排除することにより、この両者は以前は楽しいワークで金を払ってもらえた多くの職業を退屈なレーバーに変えてしまったのである」、確かに生産性は上がるでしょうが、分業はワークをレーバーに変えてしまう力があります。私が子供の頃、家を一軒建てるのは大工の仕事でした、設計し、材木を鑿で削り、土台を造り、棟上げをし、壁を釘で打ちつけ、何カ月もかけて一軒の家を建てるわけですが、確かに建てたという喜びはあったでしょう。しかし、今日では部品の大半は工場で造られ、大工の仕事はその部品を組み立てるだけになってしまっています。これでは労働の喜びは得にくく、労働時間の短縮と賃金の上昇を求めることになってしまいます。

　舞台俳優は映画やテレビに出演することを、たとえ高い出演料が払われても少し下に見ています。というのは、舞台なら3時間ならその3時間の間、一つの役を演じきり確かに観客に感動を与えたと実感できるからです。ところが、映画やテレビですと演技はぶつ切れで、食事の場面のあとしばらくして、今度はベッドシーンであったり、散歩の場面であったり、自分はいったい何を演じているのか、脚本を読まなければ見当がつきません、演技する喜びが奪われてしまっているのです。

　分業と資本主義を風刺したのが、チャップリンの『モダン・タイムス』です。1936年に制作されたこの映画では、時間と機械に支配されベルトコンベアーから流れてくる商品に向かって同じ動作を繰り返す労働者が描かれています。あとで詳しく述べますが、マルクスの言う「疎外された労働（労働の疎外）」です。

チャップリンはその後、帝国主義戦争を批判した『殺人狂時代』という映画も撮っていますが、時はあたかも米ソの冷戦時代で、1950年から1960年代にかけて、アメリカの保守派は共産主義者や進歩的自由主義者を弾圧するという「赤狩り」（the Red Purge）に狂奔し、チャップリンまでもが共産主義者とみなされ、イギリスに行っていた彼の帰国をアメリカ政府は拒否するという、悲喜劇を演じています。チャップリンはスイスへと亡命し、そこで亡くなっています。

マルクス Karl Heinrich Marx（1818〜1883）といえば『資本論』（Das Kapital）でしょうが、私は全巻を読破していないので、あまり大したことは言えないのですが、死後に発見された『経済学・哲学草稿』の中で「疎外された労働」について記されています。マルクスによれば、労働は本来人間にとって喜ばしい自己実現の活動であるはずなのに、資本主義のもとでは、人間が労働力という商品となって資本のもとに従属し、物を作る主人であることが失われ、また機械制大工業の発達は労働をますます単純労働の繰り返しに変え、人間は機械に支配され働く喜びを失われ、疎外感を増大させることになるのです。

これを諸君に当てはめると、受験勉強が嫌でたまらない人は「疎外された勉強」をしていることになります。受験勉強が楽しくて楽しくてたまらない、というのはいささか変態かもしれませんが、本当に受験勉強が嫌なら、こんなものは止めて他の自分がやりたいことを目指すべきでしょう。無理して大学に入っても、受験時代の嫌な思いを取り戻そうと、無意味なプレーに走るだけで、大して勉強せず、これといった希望もないまま就職をするはめになり、確実にレーバラーへの道を歩むことになります。

「次に生産性を高めることにより必要なレーバーの時間数を減少させてしまったのである。国民の大多数、すなわち社会のレーバラーたちが以前貴族たちが享受していたのとほぼ同じ余暇をもつようになる社会を想像することはすでに可能である。昔貴族たちが実際にどう行動していたかを思い出してみたとき、将来の展望は明るいものではない。実際、倦怠を取り扱うという問題はそのような将来の大衆にとっては、過去の貴族たちよりはるかにずっと困難かもしれない」と述べられております。確かに自由になる時間は増大したのですが、その時間を扱うすべを見つけられないのです。自由であることの倦怠は、退職したサラリーマンに

見られるように、大変な問題なのです、だから昔の貴族は西洋に限らず日本でも年中行事でその自由な時間をなんとか消費していたのです。バートランド・ラッセルが『幸福論』のなかで述べているように、自由な時間を賢く用いられるのは、知的に進んだごく少数の人だけなのです。自由はじつは人間にとって恐ろしいことなのです。この点を指摘したのが、ドイツ生まれのユダヤ人で新フロイト派の代表であった社会学者のエーリッヒ・フロム Erich Fromm（1900～1980）の『自由からの逃走』（Escape from Freedom 1941年刊行）でしょう。これはナチズムを研究したものですが、ドイツ人が徐々に自由であることに倦怠と恐れを覚え、当初は穏やかであったナチスの宣伝に乗せられ、自分たちの自由をナチスに委ね、だんだんと熱狂していく様を分析した名著です。フロムも当然ながらドイツからアメリカへと1934年に亡命しています。

「大衆は一定不変の生活様式の代わりに流行をはるかに追い求めるであろう」とも述べられています。そうなのです、産業革命以降、大衆というものが大きな力をもつようになってきたのです。それがとりわけ顕著になってきたのが20世紀初頭の「大衆」という現象の出現です。スペインの思想家オルテガ・イ・ガセット Ortega y Gasset（1883～1955）に『大衆の反逆』（1930年刊行）という本がありまして、そのなかで大衆を「凡俗な人間が、おのれが凡俗であることを知りながら、凡俗であることの権利を敢然と主張し、それをあらゆる所で押し通そうとする」と規定しています。アメリカの社会学者のデイヴィッド・リースマン David Riesman に『孤独な群衆』（The Lonely Crowd 1950年刊行）という彼の名を世界中に広めた本がありますが、そのなかで、リースマンはアメリカ人を、伝統指向型、内部指向型、他人指向型に分類し、大衆は他人指向型であり、他人に否定されたり軽蔑されるのを極度に恐れ、他人と同じ行動をとる傾向が著しいと指摘しています。皆と同じ車を買い、同じような生活をし、意見も同じで、なんとか仲間外れにならないようにと腐心するのです。

「賭博、決闘、戦争などの貴族たちの他のいくつかの娯楽」とありますが、賭博はわかると思いますが、小説などを読むと昔の貴族は些細なことで決闘をしています。戦前までドイツの大学では学生がしばしばフェンシングによる決闘をし、それを禁止する大学の命令が何度も出されています。決闘による傷は名誉なこと

だったのです。戦争も貴族、とくに国王にとってはある種の娯楽でした。今度はどこと戦争し誰を大将にするか、などと考えるのが暇潰しだったのです。負けて捕まっても殺されることはなく、かなりの賠償金を払うと釈放されたのです。ところが大衆は「危険な車の暴走、麻薬摂取、無意味な暴力行為」に走ってしまうことは、新聞やテレビで私たちは日頃嫌というほど見せつけられています。

「ワーカーは自分の闘争本能を自分のワークのなかに入れる」とあります。人間は誰でも闘争本能をもっています。これがなければ生きていけません。もっとも基本的な闘争本能は食欲です。肉を前歯で引きちぎり、奥歯で噛み砕き胃の中に他者を入れて消化吸収するのも闘争本能の一形態です。一方、世界を理解したい、真理を追求したいというのもやはり闘争本能の一形態です。これに自分の闘争本能を投入し消費すれば、無益な暴力行為は収まるとアーレントは最後に述べて、この文章は終わっています。

「人間一生誠ニ僅カナ事ナリ、好イタ事ヲシテ暮ラスベキナリ。夢ノ間ノ世ノ中ニ、好カヌ事バカリシテ、苦ヲ見テ暮ラスハ愚カナル事ナリ。」(『葉隠』)

著者略歴

斎藤雅久 (さいとう・まさひさ)

1946年東京生まれ　東京教育大学大学院修了

元 河合塾・駿台予備学校講師

元 河合塾コスモ講師

主な著書

『教養の場としての英文読解』(游学社　初版〜第3刷)

『かつて『チョイス』という名の英語教材があった』(游学社)

『続・かつて『チョイス』という名の英語教材があった』(游学社)

翻訳 (共訳)

『ラルース　子どもが出あうはじめての百科』(角川書店)

『アンドレ・マルローと永遠の日本』(出光美術館)

復刻改訂版
教養の場としての英文読解

2018年9月25日発行

著者　斎藤雅久

発行人　小松裕美子／発行所　ふみくら書房
〒177-0032 東京都練馬区谷原5-26-18　TEL&FAX 03-3921-0408
E-mail: fumikura@zephyr.dti.ne.jp　携：080-5464-2205
印刷所　サンプリント TEL 03-3792-9511／製本所　市川製本工業

＊本書の無断複製は著作権法上の例外を除いて禁じられています。
©Masahisa Saito. 2012
ISDN 978-4-902184-16-7 C7082¥2500
＊乱丁・落丁は当社負担にてお取替えいたします。